小さくても「人」が集まる会社

有益人材集団をつくる「採用マネジメント力」

西川幸孝
Nishikawa Yukitaka

日本経済新聞出版社

はじめに

「会社の変わり目には、新しいタイプの社員が入社する」という見方があります。演劇にたとえると、新しい舞台、新しいシナリオが用意され、幕が開くとそこへおもむろに新しい役者が登場して新たなストーリーが展開されていくという流れですが、多くの企業も、実際にこのような展開をたどって発展していきます。

成長する企業を注意深く見ると、多くの場合、採用面にも変化が現れています。中小企業では、新卒採用や専門職種の採用など、これまで行っていなかった採用を始めたときと成長カーブの描き始めが重なることはめずらしくありません。

なぜでしょうか？

それは、採用というものが、きわめて戦略的な行為だからです。採用の変化は、戦略の変化です。戦略が変化して、つまり新しいシナリオを得て、企業が成長を始めるということです。

一方、以下はよくある企業経営者の会話です。

「うちの社員は、全然だめだよ。どこかにいい人がいないかな。自分の右腕になってくれる有能な人材が来てくれたら、会社はどんどん成長するんだけどな」

「まあ、夢みたいな話だな」

自分の右腕になるようないい人材がほしい。自分といっしょになって会社を発展させてくれる人材がほしい。こうした思いは、経営者であれば誰もが持つものです。しかし、現実はなかなかそのようにはなりません。

「人は、採ってみないとわからないよ」

これも、経営者からよく聞く言葉です。


多くの経営者は、有能な人材が必要なことは痛感していても、採用に関する明確な方法論は持っていません。漠然と「いい人がほしい」「いい人を採りたい」という気持ちを抱える一方で、採用プロセスは担当者にまかせきり、経営者は最後に漫然と面接を行い、その場の印象だけで採用を決めています。採用コンサルタント会社や採用アドバイスも行うエージェントに、方法論を丸投げしているケースもあります。

採用は、人材投資という会社の未来を左右する重要かつ高額な投資であるにもかかわらず、多くの企業は、それに見合わないあまりにもナイーブな対応を行っています。

コスト面でも、大卒者の生涯人件費総額は約3億円に及びます。採用に関して、自社なりの考え方や方法論を持たないのは、運まかせで宝くじを買うようなものです。宝くじは買ったときだけの出費ですみますが、人を採用してしまえば、その後長期にわたって固定的な出費が続くことになります。

人材が企業にとって最重要の経営資源であることは、あらためて言うまでもありません。そもそも企業活動は、経営者や社員の行動の総計であり、つまり人が付加価値を生み出すのです。拡大経済にあっては、製造や販売戦略に注力していれば、経済の成長とともに企業も大きくなっていくことができました。しかし、サービス経済化の進む現状では、付加価値を生み出す程度は、人によって何倍もの違いとなります。かつてのように平均的な労働生産性を前提として、人数に比例した付加価値を生み出すことのできる経済構造ではないのです。

ＩＴ化、アウトソーシング化、海外移転の進展などの結果、単純な作業や誰でもできる仕事は企業内にあまり残っていないのが現状です。「役に立たない人」を雇ってしまうと、与える仕事がなく、その後の処遇に苦しむことになります。

採用は簡単ではなく、当然失敗もあります。しかし、採用には原理原則があり、それをおさえることで成功の確率を上げることができます。一方で原理原則の適用のしかたは、企業の経営理念や、どのような顧客価値を実現したいか（本書では「目指す顧客価値」と称します）によって変わります。つまり、採用活動にはその会社にふさわしい戦略的な組み立てが必要になります。

持続的に成長している企業は、迷いつつ模索しつつも自社なりの考え方、方法論を持って採用活動を行っています。そのうえに、外からは見えにくいのですが、採用に限らず、人材育成やその他の人材投資活動に驚くほどの手間をかけています。

現在の経済情勢下では、企業は知恵と工夫で付加価値を生み出していかなければなりませんが、長期的な付加価値を実現するためには、その知恵と工夫をしくみ化していくこと、つまりビジネスモデルに昇華していく必要があります。そして、ビジネスモデルを構成する機能を支えるものは間違いなく人材であることから、ビジネスモデルの構築と長期的な人材投資は車の両輪であると言うことができるのです。

こうした観点から、人材投資の入り口である採用の改革は、経営改革そのものになります。採用改革を力強く進めていくためには、経営トップが自らリーダーシップを発揮し、全社を巻き込む必要があるのですが、そうした改革に取り組み、採用活動を戦略的、組織的に行った場合、企業内部における変化は、比較的早い段階から静かに始まります。社員の行動に変化が現れたり、能力、スキルに向上が見られる社員が増えてきたりします。社員の意識が変わることで、業務の効率化が進む場合もあります。

こうした現象を、「採用マネジメント効果」と呼ぶことができます。採用ブランド力のない中小企業であっても、年度計画に基づく本格的・体系的な採用活動に取り組めば、有能な人材を獲得できる可能性がありますが、そうした直接的な効果に加えて副次的な採用マネジメント効果も期待できます。

手間もかかり一見遠回りに見える採用という活動が、企業経営を深いところから変え、新たな活力をもたらす最短距離となる可能性があるのです。特に改革に向けての体系的な取り組みを行うゆとりのない中小企業は、採用を軸としたマネジメントサイクルを構築することで、長期スパンのよい循環を実現し、企業風土に変化を起こすことを考えるべきです。

本書は、経営戦略やビジネスモデルなど、企業経営の根幹の要素と「採用」の関係性を明らかにし、採用改革のあり方を模索していくものです。そして実際に採用改革をバネとして成長してきた企業（劇団四季、都田建設、物語コーポレーション、本多プラス）の事例を紹介していますが、それぞれ非常に魅力的な企業です。

結局のところ、人が集まらない企業は伸びていくことはできません。これらの4社は、すでに十分規模が大きくなっているとも言えますが、人を惹きつけ、人を集めることによって、小さな会社から成長を遂げた企業です。つまり、「小さくても『人』が集まる会社」だったのです。

比較的「小さな」企業の方には、こうした事例は参考にしていただけると考えます。それでは、すでに大きくなった企業には必要がないかと言うと、実は「大企業的に」考えることはリスクが高いのです。規模が大きいことは、採用活動にとってアドバンテージですが、過去の成長要因、成功要因が現在行うべきことを覆い隠すということがきわめてありがちです。経営環境の劇的な変化が起きている現状において、ときにそれは致命傷ともなりえます。

大企業であっても、原点に立ち返って「小さな企業が考えるように」採用について考え、採用改革、経営改革に取り組んでいくことこそ必要です。その意味で本書の内容は大企業の方にも参考にしていただけるのではと思います。

本書が、持続的な成長を目指して採用改革、経営改革に取り組む企業や、企業の採用活動を研究する求職者の方に少しでもお役に立つことを願っています。

２０１１年10月

西川幸孝

小さくても「人が集まる」会社／目　次

序　章　「人材」が集まる組織のヒントは劇団四季にあった　17
プロ集団「四季」をつくった「目指す顧客価値」の明確化
四季メソッドによる研修システム
オーディションからすべてが始まる
育成の方法論があるから「伸びしろ」を見極められる
歴史の原点――「四季」の理念を全員が共有
第1章　「有能な人材」よりも「有益な人材」　25
――「目指す顧客価値」を言葉にできなければ「人材」も活かせない
成功する企業には必ず独自の「人事戦略」がある
「目指す顧客価値」とは
経営理念と「目指す顧客価値」の関係

「目指す顧客価値」を実現するビジネスモデル
人事戦略は「経営」そのもの
現状の延長で「人事」を考えていないか
「厳選採用」「非正規化」の流れ
「有能な人材」よりも「有益な人材」
求める人材像があって人事制度が生まれる

第2章 「日本一感動のある会社」はこうして生まれた 49
——都田建設の事例
一本の映画のような家づくり
段取り力、マネジメント力を鍛える「バーベキュー」
119対応——新規商談よりクレームが優先
社員が変わることで入社希望者も変わった
「有益な人材集団」をつくった採用プロセス
採用後の教育とフォロー
動機づけとリフレッシュ

目次

第3章　「厳選採用」時代だからこそ必要な企業側の覚悟　71
増える「モンスター顧客」
背景に「サービス経済化」
「過剰品質」という危機
サービス経済化の進展と感情労働
感情労働を支える共感・技術・システム
企業はどんな人材を求めているのか
「志と心」
「行動力」と「知力」
「新卒」「キャリア」「外国人（留学生）」
企業の意思が明確な言葉にならなければ人材は集まってこない

第4章　よい採用のために　――若者の変化を捉える　93
「成長」を知らない世代
未来への希望を奪う「歴史感覚」の喪失
働く動機の変容――共通のモチベーションがない

「親密圏」を大事にし「公共圏」には無関心
優しさの技法――親密圏で発揮されるコミュニケーション能力
親密圏と自己肯定感
自分らしさへのこだわり
他責思考――仮想的有能感を持つ
二極化するコミュニケーションと「本当の自分」

第5章 「キャリア教育」の弊害と就活・新卒採用の現場 113

強制する「職業観」の弊害
現実から遊離する「キャリア教育」
進学による意思決定の先送り
「キャリア教育」の基本になるべき「社会」の体験
小さな真実の積み重ねの大切さ
特別なキャリア教育は不要
就活市場における企業の序列化
「よい人材」が勝手に類型化される
「自分探し」の結論

就活に向けての自分定義
採用とのミスマッチ
だからこそ重要な「自社の経営理念」

第6章 人材が集まる「採用力」 139
——物語コーポレーションの事例

赤字会社を引き継ぐ
意思の「言語化」「見える化」が出発点
スマイル＆セクシー
トップの意思——「人事戦略」こそ「成長戦略」
経営理念が求める人材像を明確にした
「花一輪」——誰もが心にとめるべきメッセージはひと言で
採用を最重要課題と位置づける
2万人の応募者
モチベーションを見極める
内定者は100人
「物語アカデミー」

「感情労働」を支える「自分物語」
トップダウンによる意思決定がすべてだった

第7章 「採用力」を磨く

――「普通の人材」を「有益な人材」に 171
必要なのは「有能な人材」ではなく「有益な人材」
採用の真の目的を言葉にできるか
人材投資は長期投資である
全社で取り組む
自社のプレゼンスを高める
あなたの会社には「ビジョン」があるか？
ビジョンがあればこそ人材像も明確化する
採用コアプロセスの設計
応募者の絞り込みと動機づけ
働くことの現実を伝えた参考事例
資質・能力の検証から人物像へ
「志と心」

「行動力」
「知力」
人物の総合判断
採用内定期間の組み立て
「機能集団」と「共同体」のマネジメント
「理念」と「掟」と「躾」
入社後3年間ですべては決まる
採用マネジメント効果の検証

第8章　経営理念をDNAにする　227
――本多プラスの事例

「他人のやらないことをやる」
デザイン、金型の内製化と高付加価値
人材投資を最重要視
常に「目指す顧客価値」を問い続ける
本多プラス人材ビジョン

おわりに　239

装丁／斉藤よしのぶ

序章　「人材」が集まる組織のヒントは劇団四季にあった

プロ集団「四季」をつくった「目指す顧客価値」の明確化

演出家の浅利慶太氏が主宰する劇団四季は、ミュージカル「キャッツ」「ライオンキング」「美女と野獣」のロングラン公演などで広く知られていますが、劇団としての戦略の組み立てと採用、つまりオーディションの事例は、一般の企業にも非常に参考になります。

四季は、現在10の専用劇場を持ち、2010年の年間のステージ数、つまり総上演回数は3700回を数え、集客数は310万人、「四季の会」会員18万人以上、売上200億円をあげるビッグビジネスを展開しています。11年7月現在で、所属俳優530人のほか研究生65人、レパートリーメンバー（演目ごとに出演契約をする俳優）50人、これらに技術スタッフ、経営セクションのスタッフなど、舞台を支える人間を加えると総勢は優に1000名を超えます。また、全国から四季のオーディションに応募する人間は、年間で1500人を超えます。

劇団ビジネスは、経営を成立させることが非常に難しいビジネスです。興行の方法としては、主演する有名な俳優を前面に出して、その魅力とネームバリューによって観客を集める方法が一般的ですが、興行成績は不安定になりがちです。

興行だけでは劇団員の生活が成り立ちにくいので、劇団員は他にアルバイトをするか、有名な俳優については、テレビ出演等で生計を成り立たせているケースが多く見られます。出演する俳優が、演劇そのものでは「食えない」ので他の収入で生計を成り立たせることを前提に、興行ビジネスを行っていることになります。

ところが四季の場合は、そうした一般的な興行のあり方とは正反対の手法をとっています。持続的なビジネスとして興行を成立させ、劇団員がそれで生活できるようにすることに成功しているのです。

その四季の経営理念は、「演劇のすばらしさ、生きる喜びを観客に届ける」ことで、それは同時に四季の「目指す顧客価値」でもあります。具体的に到達しなければならないゴールは、「観客に喜んで帰っていただくこと」。年間延べ4000回近い公演活動のすべてにおいて、それをレベルの違いなく実現する必要があります。品質のバラツキがあってはならず、どんなキャストであっても、作品の魅力を100パーセント観客に届けなければなりません。それが、演出家、俳優の役割です。四季の公演ポスターを見てください。主演する俳優の情報はきわめて少なく、作品そのものの魅力を打ち出すものになっているところにも、その理念が表れています。

年間4000回近い公演において、作品の魅力を品質のバラツキなく100パーセント届けるためには、セリフは脚本通りでなければなりません。脚本に書かれた文字を一言も省略することなく正確に届ける必要があります。同様に、歌う場合は音程を少しも狂わせてはなりません。「音程のど真ん中を歌え」というのが、浅利代表の口癖です。

言葉にしても、音程にしても、正確であることが第一に求められます。それは、「求められる」というレベルを超え、組織の掟《おきて》になっていると言っても過言ではありません。

四季メソッドによる研修システム

四季は、横浜市あざみ野の劇団本部に、研修センターである「四季芸術センター」を設置し、そこに研究生や俳優のための徹底した研修システムを設けています。

オーディションを通過した研究生・俳優たちは、「脚本のセリフをひと言もおろそかにせずに観客に届ける」という目的意識を持って、毎日1時間半に及ぶ呼吸法、発音、発声練習を繰り返し行います。それに加えて、バレエ（上級、中級、初級）やジャズダンス、ヒップホップ、タップダンスなどのダンスレッスンのほか、ヴォーカル、台詞、ヨガ、ストレッチなど、多彩な内容の訓練が行われています。レッスンは、37名の講師の指導の下に毎日数時間行われ、レッスン数は定例化されたものだけで年間延べ1500回に及びます。

舞台に立つ前の研修生はもちろんのこと、舞台に立つようになった俳優も、自身のレベルにあったレッスンを選択し、トレーニングに励んでいます。これらの俳優育成手法である「四季メソッド」は、四季が長年をかけて独自に開発したものです。

研修施設として、大中小14の稽古場、個人レッスンを積むための30以上の研究室のほかに、トレーニングジム、マッサージルームなどが設置されています。

四季では、研究生や俳優の研修参加はまったく無料です。多くの劇団は研究生からレッスン料を徴収することで劇団経営を成り立たせていますが、これを完全に無料にすることで、収益性確保という面からのバイアスがかからず、本来の育成目的に沿った方法論を貫くことができます。

実際に、劇団四季本部の四季芸術センターを訪問すると、その場は静寂に包まれており、非常にストイックな雰囲気が漂っています。劇団員は熱心にトレーニングにはげんでいて、ラウンジでは、台本やトレーニング用の教材を真剣に読み込んでいる姿が散見されます。

舞台を通じて「演劇のすばらしさ、生きる喜び」を届け、「観客に喜んで帰っていただく」こと、これが四季が実現したい顧客価値であり、四季のすべての活動がここに収れんします。俳優だけでなく、劇場スタッフ、事務スタッフ、本社役員など全員がこの目的達成のために役割を持ち、そのための行動を行います。少なくとも方向性が共有されています。

この戦略が共有され、組織活動や1人ひとりの行動に落とし込まれていること、つまり「目指す顧客価値」、成立させたいビジネスモデルが明確で、その方向性が四季の事業に関わる人間に共有されていることが四季の強みであると言えます。

オーディションからすべてが始まる

四季は、今日に至る長年の間、研究生を募集し自前で俳優の育成を行ってきました。年間で1500人以上が参加するオーディションも、当然四季の経営目的を実現するための活動です。オーディションには、一定期間の研修の後俳優として舞台に立つ研修生コースと、即戦力を期待する一般コースがあります。

四季では、俳優が舞台で達成すべきゴールイメージが明確にあり、それに向けた研修システムが最大限機能していますが、ゴールを前提とすると、オーディションで検証すべき要素がはっきりしてきます。

オーディションでは、課題となる歌や踊りを実演させ、それを審査員が審査します。その際、応募者は、歌や振り付けを間違えることも多いのですが、出来不出来はあまり重要視されません。そこでは、現時点における実力よりも、素材としての可能性が重視されます。つまり、将来の「伸びしろ」が検証されるわけです。四季の研修メソッドを経て、伸びていくかどうかというポイントから判断されます。現時点で上手く演技できるかよりも、一定期間の研修の結果、伸びるかどうかを見ていくのです。

その観点は、姿勢、骨格であったり、歩き方から見受けられる関節の柔軟性であったり、発声に影響する顎の形であったりします。浅利代表は、それを「歩いてきて、受験番号と名前を言った時点で、大体はわかる」と表現しています。

育成の方法論があるから「伸びしろ」を見極められる

もし、四季が独自の育成メソッド、研修プログラムを持たなかったとしたら、採用基準も異なるはずです。おそらく、「伸びしろ」よりも、現時点でどれだけうまく演技できるかという点を重視することになるのではないでしょうか。あるいは、もっとイメージに偏ったものになるとも考えられます。

実は、「伸びしろ」というのは、伸ばす方法論とそれに基づく育成の経験があってはじめて判断できるもので、それらがなければ応募者のよいと思える点は、漠然とした印象にすぎないとも言えます。企業の採用では、印象ばかりに頼って判断している事例が多いのですが、それは育成の方法論を持たないこと、あるいは育成の方法論が採用の現場に活かされていないことが原因です。

四季は、一般の企業以上に明確な経営戦略を持ち、戦略を実行するために必要な人材像を明らかにしています。その人材像とは、脚本のすばらしさを100パーセント観客に伝えられる能力を持った人間であり、その能力は、発声法や歌唱法などの要素に分解して検証することが可能です。言い方を換えると、戦略と達成すべき成果が明確になっているので、それを遂行するための人材像や能力要素がそこからわかりやすく定義される、ということになります。

能力面における可能性だけでなく、きびしい研修プログラムに耐えていく「意志の力」も重要なポイントになります。しかし、この「意志の力」については、オーディションではなかなか判別がつきません。そうした要素については、経歴のなかで、たとえば厳しさが想像できるダンスレッスンを何年かにわたって継続してきたというような事実から類推するそうです。

オーディションにおけるもう1つのポイントは、劇団に対する誤解の解消作業です。入団前の印象と入団後の現実があまりにかけ離れていると、早期の退団につながります。これは一般の企業でも全く同じです。四季は、オーディションの際に、入団後のきびしさについて明確に説明し、誤解の解消に努めます。「観る天国、やる地獄」――これは浅利代表の口癖ですが、応募者がバラ色の劇団生活という幻想を持たないよう発する、警告の言葉です。

このように、劇団のオーディションというきわめて純化されたプロセスで、戦略と採用の関係とその本質が見えてくるのです。

歴史の原点――「四季」の理念を全員が共有

もう1つ特筆すべき点があります。それは、劇団四季の本部・研修センター施設の中央に位置する、厳かな雰囲気に包まれたメモリアルルームの存在です。

ここには、創立時に活躍し故人となった俳優や劇団スタッフの写真が13枚掲げられています。劇団四季の礎となった人たちの写真です。事業が成功し規模も飛躍的に拡大した現在においても、創立の理念や立ち上げ時の先人達の苦労を忘れないためのもので、これらの人の命日には、メモリアルルームで線香をあげ、その功績を偲びます。

故人となった功績者の写真が並ぶメモリアルルーム（提供：劇団四季）

この命日には、全国の劇場にもファックスでインフォメーションが流されます。そのインフォメーションには、故人の具体的な功績が説明されていて、その場で功績を偲んでほしいこと、そして新しく劇団に参加したメンバーは諸先輩から話を聞いて劇団四季の歴史を学んでほしいことなどが記載されています。

このメモリアルルームの存在と意味については、入団した劇団員には最初に説明します。

劇団四季は、非常に成長志向の強い事業体ですが、一方でその歴史を自分たちの原点として、非常に大切にしていることがその特徴であると言えます。自社の歴史を大切にするのは、強い企業の共通点ですが、これについては後述します。

第1章　「有能な人材」よりも「有益な人材」

——「目指す顧客価値」を言葉にできなければ「人材」も活かせない

成功する企業には必ず独自の「人事戦略」がある

劇団四季の場合は、俳優をはじめとする「人材」が経営資源の最も大きな要素です。そしてその経営資源である人材を、どのようにマネジメントしていくかに関する独自の「人事戦略」を持っています。

しかし、演劇業だから人材が特に重要で独自の人事戦略を持っているということではありません。どのような業種、業態であっても、一時の勢いではなく長期にわたって成功を収める企業は、例外なく独自の人事戦略を持っています。本書では、演劇業（サービス業）の劇団四季のほか、建設業の都田建設、飲食業の物語コーポレーション、製造業の本多プラスを事例に取り上げますが、いずれもきわめて特徴的な人事戦略を有しています。

企業活動とは、突き詰めれば、経営者や社員の行動の総合計です。販売活動や採用活動などの人の行動がそのまま企業活動となるものもありますし、意思決定の結果がしくみとして残り、それが後々まで機能していくものもあります。対外的な活動もあれば、企業内部に向けた活動もあります。いずれの企業活動も、人の行動に還元することができます。

利益を生み出す企業活動も損失を出してしまう企業活動も、元をたどれば人の行動や人の意思決定に行き着くのです。適切な行動が全社員規模で取られた場合、企業は非常に強い力を発揮します。

大きな成功を収めた企業経営者は、経営哲学、経営戦略の側面でスポットを浴びることが多いのですが、ほぼ例外なく独自の人材観、人事戦略を有しています。ただ、それが外部の人間からは見えにくい奥まったところにあり、内容的にも経営戦略のように華々しくないため、注目されにくいだけなのです。

「目指す顧客価値」とは

今、私たちが暮らし、経済活動を行っている自由主義社会とは、競争環境のなかで様々な主体が自由な経済活動を行い、よりよい商品・サービスを競うことで、発展していく社会です。そこでは、様々なイノベーションが行われ、商品・サービスのレベルが進化していきます。

自由主義社会で、供給側に立って経済活動を行う基本ユニットが企業です。企業は「目指す顧客価値」を実現するための諸活動を行います。「目指す顧客価値」を実現し、長期的な収益をあげていくことが企業活動の目的です。

顧客価値とは、当たり前ですが「顧客から見た商品・サービスの価値」です。「顧客がそれを購入する理由」と言うこともできます。企業が顧客に提供するものは、たったこれだけです。この価値を提供するために、設備投資やら、採用・人材育成やら、資金繰りやらをやっていくわけです。ブランドイメージやアフタサービスなどは当然、顧客価値に含まれます。それらを含んだ商品・サービスの価値となります。そして、「目指す顧客価値」とは、「その企業が提供したい理想の顧客価値」のことで、企業活動はすべてここに収れんされます。

顧客価値を意識せず、無頓着にやっている企業もたくさんあります。それで立派な業績をあげているケースもあります。日本では、戦後長い間モノやサービスについて、国民全体の必要よりも供給が少ない時代が続いてきました。その間は、顧客価値をあまり意識しなくても供給さえすれば売れる状態だったので、何とかやっていくことができたのです。

しかし、モノやサービスの生産・供給が中心の工業社会が終わり、ポスト工業社会に移行した現在においては、基本的にモノ自体は足りているのでプラスアルファの価値が問われることになります。したがって、どのような顧客価値を提供するかの明確な意識を持たないと、顧客が求めている価値と企業が提供する価値との間にずれが生じやすくなってきました。こうした社会では、せっかくの企業活動の一部がムダになったり、市場において支持されなくなったりする現象が生まれてしまいます。

経営理念と「目指す顧客価値」の関係

経営理念に基づく「目指す顧客価値」の定義は、自由主義社会における企業活動にあっては最上位に来る概念です。「目指す顧客価値」をめぐって競争が行われ、イノベーションが起き、社会が発展していくからです。

経営理念つまり経営者の考え方や志向性、価値観によって、「目指す顧客価値」はまさに「自由」に選択されます。つまりやりたいことをやるのです。

「目指す顧客価値」は、経営理念の影響をもろに受けるものであり、経営理念＝「目指す顧客価値」になることもあります。一方、「社員満足経営を行う」など、「目指す顧客価値」とは直接関係のない概念を経営理念として掲げるケースもあります。

後述する物語コーポレーションの経営理念は「スマイル＆セクシー」で、「自らを磨き自立した人間は、自ら意思決定ができる」という趣旨を表したものです。「顧客価値」について直接触れていませんが、サービスを提供する人材にフォーカスすることで、顧客満足に直結する人材の行動のレベルをあげ、顧客価値を生み出していこうとするものです。

また経営理念は、必ずしも言語化、テキスト化されているとは限りません。暗黙的に社内で共有されている場合もあります。

しかし、自由主義社会における企業の社会的責任として、経営者は実現したい顧客価値とその前提となる経営理念を言葉により表現し、開示すべきです。それは、顧客が商品・サービスを購入するにあたり、その顧客価値が明示されていたほうが選択の判断を行いやすいからです。商品・サービスの顧客価値が広告やパブリシティなどによって的確に表現された場合、当然、売上は増大していきますので、企業のメリットも大きいのです。

またそれは、そこで働く社員や入社を希望する人間にとっても望ましいことです。企業という自由主義社会における基本ユニットで働くということは、企業活動を通じて社会に貢献できる可能性を持つということです。自分自身の働きが、結果として社会にどのような価値（顧客価値）をもたらし貢献するかを理解することは、働くことの基本的な動機づけとなり、それによって労働が喜びに変わっていく可能性があります。これを表す経営学者ピーター・ドラッカーの有名な「石切り工」の寓話があります。

> 三人の石切り工の昔話がある。彼らは何をしているのかと聞かれたとき、第一の男は、「これで暮らしを立てているのさ」と答えた。第二の男は、つちで打つ手を休めず、「国中でいちばん上手な石切りの仕事をしているのさ」と答えた。第三の男は、その目を輝かせ夢見心地で空を見あげながら「大寺院をつくっているのさ」と答えた。（『マネジメント（下）――課題・責任・実践』ピーター・F・ドラッカー著、野田一夫ほか訳、ダイヤモンド社、87ページ）

ドラッカーは、生活の糧を得るために働く第一の男、熟練技能者である第二の男に対して、第三の男こそ「経営管理者」であると賞賛しています。また、第二の男に関して、熟練技能は奨励されなければならないが、つねに企業全体のニーズとの関連の下においてでなければならないと警告しています。

「大寺院をつくる」というビジョン・顧客価値を明らかにし、その目的意識を企業で働く人材が共有することにより、同じ仕事であっても単なる作業を超えて、そこに社会的な価値を見いだせるようになります。

「目指す顧客価値」を実現するビジネスモデル

経営理念が基となって「目指す顧客価値」が定義されますが、それを実現していくには、ビジネスのしくみ、つまりビジネスモデルが必要です。ビジネスモデルが、「目指す顧客価値」の実現を構造的に支えます。

ビジネスモデルという言葉は様々な使われ方をしますが、ここではビジネスを成り立たせる基本的な機能、諸要素の組み合わせに、業務プロセスの構造、収益・費用構造を加えた概念を言います。簡単に言うと、ビジネスモデルとは「もうけるためのしくみ」です。

劇団四季で言えば、俳優、劇場、本部機能、俳優養成機能、チケット販売システム、衣装・大道具・小道具のロジスティクスなど、複合的に形成される機能の集合体がビジネスモデルの基盤

図表1　価値連鎖の基本形

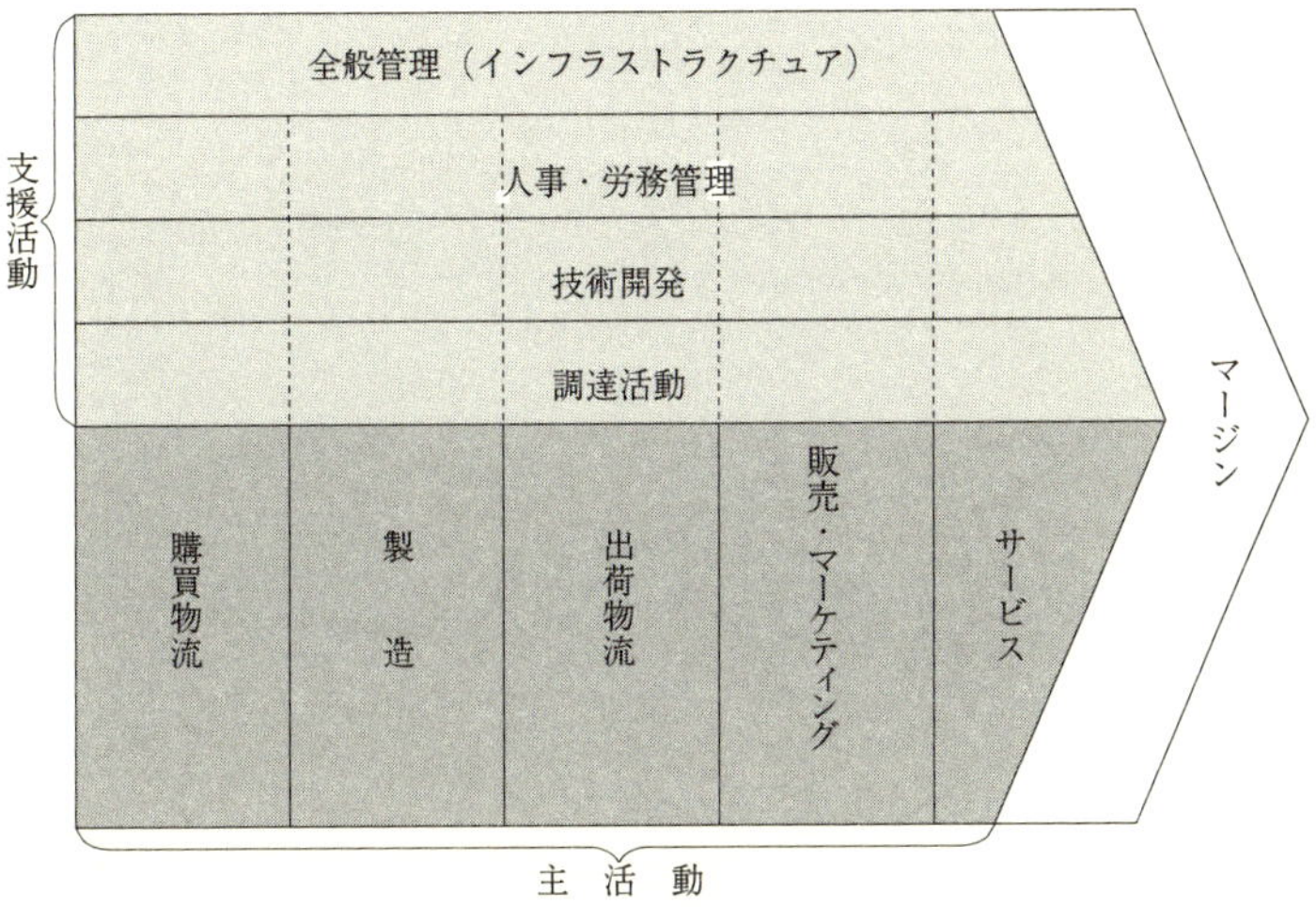

（出典）『競争優位の戦略』（M・E・ポーター著、土岐坤ほか訳、ダイヤモンド社、1985年、49p）

を形成し、「演劇のすばらしさ、生きる喜びを届ける」という顧客価値の実現を可能にします。つまり、ビジネスモデルは「目指す顧客価値」の実現を支える下部構造（インフラストラクチャー）であるとも言えます。

経営学者であるマイケル・ポーターが提唱したバリューチェーン（価値連鎖）は、企業が行う様々な活動（主活動＋支援活動）が、最終的な付加価値にどのように貢献するのかを体系的に検討する手法ですが、ビジネスモデルを供給サイドから「見える化」する有効な手法と捉えることもできます。

さて、経営戦略とはよく使われる言葉ですが、ここでは経営戦略を「経営理念に従って『目指す顧客価値』を実現し、持続的な収益をあげていくための中長期の方針ならびに方法論」と定義することとします。

図表2　経営戦略は未来と現在のギャップを埋める方法論

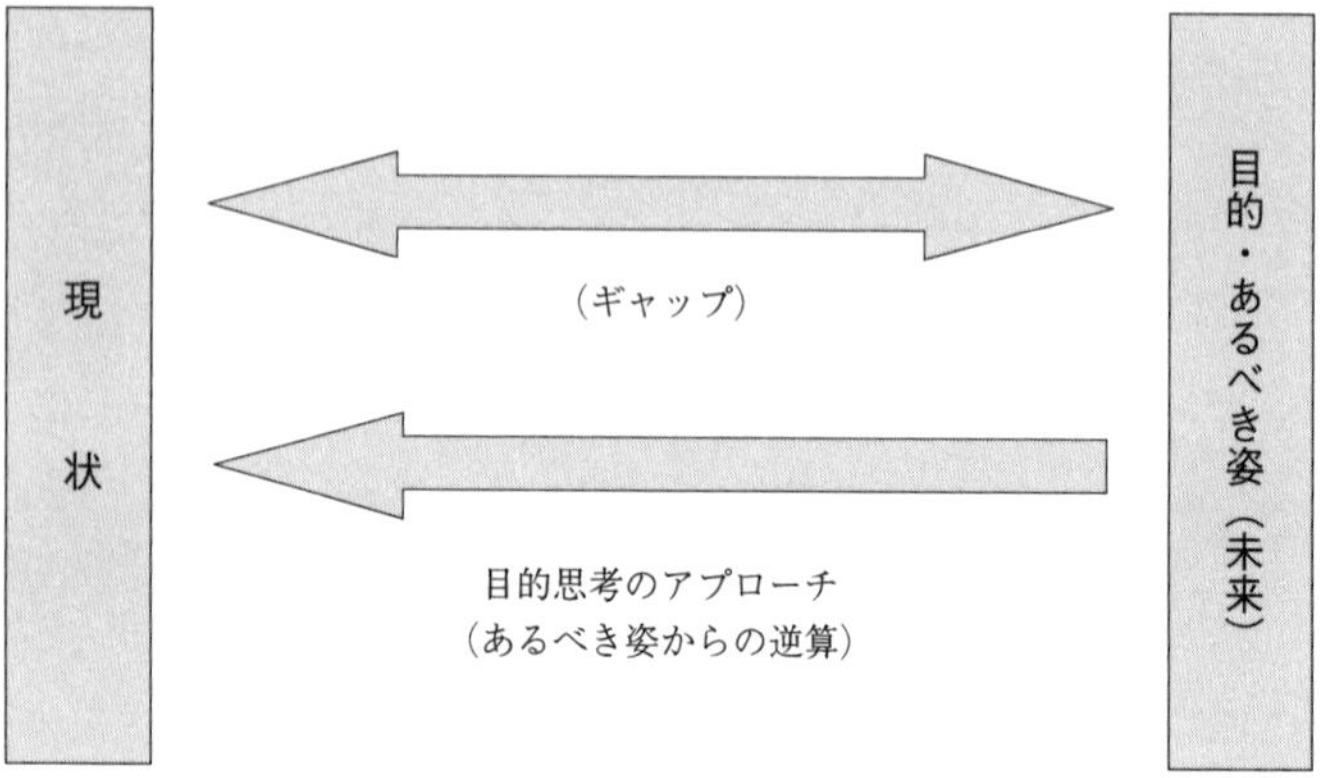

ビジネスモデルが、ビジネスを構成する諸要素・機能の組み合わせや業務プロセスの構造、収益・費用構造といった「構造」を示す概念とすれば、経営戦略はものごとを行う順序、優先順位などの時間的概念や経営体としての意志、価値判断を含んだ動的な概念であると言うことができます。

企業活動は、将来に向けた現時点での取り組みです。つまり、現在と未来という2つの地点をどのようなベクトルでつなぐかという問題になるのですが、ここで大事なポイントがあります。ビジネスにおいては、現在の延長で将来を考えていくのではなく、将来のあるべき姿から「今」を考えていくという視点が重要だということです。

現状の延長でできそうなことを考えていって未来を想定した場合、その将来像は現時点における制約条件を引きずったものになってしまいます。一方、未来からの逆算で近未来や現時点においてやるべきことを考えていった場合、将来像は現時点の制約条件の影響をあまり受けず、かつ目標に対して最適で最短のルートが発見しやすいという利点があります。

言葉を換えれば、経営戦略は、将来におけるビジネスの成り立ちを表した「あるべき姿」「未来のビジネスモデル」に到達する道筋であり、未来と現在のギャップを埋める方法論を表現したものと言うこともできます。

人事戦略は「経営」そのもの

企業活動は、突き詰めれば経営者や社員の行動の総合計です。人の行動がそのまま企業活動となるものや、意思決定の結果がしくみとして機能していくものがありますが、ビジネスモデルを形づくる諸機能は、人材の行動の裏づけがあってはじめて成立します。人事戦略は、経営戦略の一部を形成しますが、企業活動は人の行動であるとの前提に立てば、人事戦略は経営戦略のほぼすべての分野に関連しています。

一般に、経営戦略の遂行、ビジネスモデルの展開には人材面における対応が必要となり、時間とコストがかかります。だから人材面の対応がボトルネックとなって、ビジネスモデルの模倣や追随が簡単にはできないのです。

もちろんアウトソーシングという手法もあります。たとえばコールセンター機能などの特殊な分野についてはアウトソーシングで一気に創出することが可能です。ほかにも対応可能な分野は存在しますが、アウトソーシングで対応可能な機能については、競合他社も同じ対応をとることができるので、その分野で差異化することはできません。アウトソーシングや業務提携では対応できない分野については、当然のことながら自社で対応することになります。

経営上、人に関する費用つまり人件費は、企業の最大のコストの1つです。大卒者を新卒採用した場合、生涯コストは平均3億円にものぼります。一方、付加価値を生み出すのも人材です。人事戦略は、収益コントロールの面からも企業経営を左右します。

そもそも人が人を使うというのは、それ自体が本質的に難しい課題です。それだけに、長期的な取り組みと創意工夫が必要になります。ただし、人材投資に真剣に取り組んだ場合、思いの外結果が早く出るという現象もあります。これについては、最後に取り上げる本多プラスの事例で紹介します。

現状の延長で「人事」を考えていないか

前述のように、経営戦略とは、未来からの定義であることが本来の姿です。当然、人事戦略においても、未来のあるべき姿から逆算して、「将来このように事業を展開する場合、どのような社員、どのような機能を果たせる人材が必要となるか」を考え、それに対して今の時点で手を打っていくということが鍵になります。したがって未来から人事を考えた場合、機能面における検討を第1にしなければなりません。これが重要なポイントです。

しかし、多くの場合、経営者は人の問題を機能の問題として捉えることが苦手です。「誰某はどういう仕事ができるから、何を担当してもらう」というように、どうしても現在の社員の顔が浮かんでしまい、未来からの逆算ではなく、現状の延長で考えてしまいがちです。結果として、人材の確保についても、補充採用を中心に対応することになってしまいます。

人材面における対応がボトルネックとなって、成長できない企業が実に多いのです。逆に、おおよそ長期的によい結果を出している企業で、採用や人材活用面での努力や工夫がない企業や、人事面での戦略を全く持たない企業はきわめて少ないと言えます。人事面での工夫・努力なしに存在しているような企業は、たとえ現時点ではうまく経営できているように見えても、実際はブランド力などの資産を少しずつ取り崩すことでバランスを取っている状態にあり、長期的には衰退の道を歩んでいる恐れがあります。

「厳選採用」「非正規化」の流れ

近年の経営環境の変化は大きく、人事戦略に対しても様々な影響を与えています。

サービス経済化の急激な進展に伴って、企業が求める人材については、コミュニケーション能力を重視する傾向が非常に強くなってきています。このサービス経済化については、企業の人材活用の面にも様々な影響を与えていますので、後に詳しく見ていくこととします。

急激なＩＴ化などのイノベーションの進展も、大きな影響を与えています。ＩＴ化によって、

10~20年前に比べれば、業務の遂行方法は激変しています。また、インターネットの普及により、プロモーションの方法、販売方法の変化も激しく、多くの企業でビジネスモデルを変えざるを得ない状況が続いています。

また、グローバル化も非常に速いスピードで広がっており、生産拠点を海外に移す企業も増加しました。採用においても、外国人留学生の新卒採用を優先順位の第1にあげる企業が増加してきています。

こうした経営環境の変化を受けて、雇用情勢も激しく変わりつつあります。

単純な作業や誰でもできる仕事は、IT化、アウトソーシング、海外移転の進展などの結果、企業内にあまり残っていないのが現状です。大企業ではこの傾向が特に強くなっています。

もし「役に立たない人」を雇ってしまうようなことになれば、与える仕事がなく、その後の処遇にも苦しむことになります。その結果、「厳選採用」の考え方が強くなってきており、人材の不足感はあるものの、実際の採用については非常に数を抑えたものになっています。また、「厳選採用」は、新卒対象の場合、採用プロセスの長期化を招いており、これが社会問題にもなっています。

大企業であっても、場合によってはリストラや賃金引き下げを行う実態があり、働く者の企業への信頼感は揺らいでいます。

雇用契約自体も多様化しています。正社員でも総合職、地域限定総合職、一般職などの区分を設けることが一般的になる一方で、契約社員、パートタイマー、アルバイトなどの非正規社員の割合が急激に増加しています。また、派遣やアウトソーシングなど、非雇用による労務の提供もあり、人材活用の方法が非常に複雑化しています。統計（労働力調査）を見ても、1990年に全体の雇用者の約20パーセントであった「非正規の職員・従業員」は、2010年には34パーセントを超える水準になっています。

「有能な人材」よりも「有益な人材」

こうした結果、労務トラブルも右肩上がりで増加しています。どのような人材を採用していくべきか、人事戦略の難しさがいっそう増しているのです。

そこで大事なことは、求める人材像は、経営理念、「目指す顧客価値」、ビジネスモデル、経営戦略によって定義されるべきである、という基本です。

もう一度整理しておきましょう。経営理念が基となって、「目指す顧客価値」が定義されますが、それを実現していくには、ビジネスのしくみ、つまりビジネスモデルが必要です。ビジネスモデルが、「目指す顧客価値」の実現を構造的に支えますが、ビジネスモデルの諸機能を担うのは人材です。そこで必要なのは、「目指す顧客価値」実現のためにビジネスモデルの機能を的確に推進することのできる人材です。この推進のためには一定の能力は必要ですが、能力があればよいということではなく、「目指す顧客価値」の実現に役立つ人材でなければなりません。

つまり、「有能な人材」よりも「有益な人材」が必要なのです。一般的な「よい人材」を描いてみてもあまり意味がなく、企業が明らかにすべきは自社の「目指す顧客価値」の実現に貢献できる「有益な人材」の具体的な姿で、これが「求める人材像」となります。

端的な例をあげれば、「自由な発想のできる創造的な人材」は、多くの企業において「有益な人材」になり得ます。しかし、軍隊のような組織では必ずしも「有益な人材」とはならず、むしろ逆のタイプの「従順で我慢強いこと」が「有益な人材」の条件となる可能性があります。

劇団四季の場合、「演劇のすばらしさ、生きる喜びを届け」「観客に喜んで帰っていただく」という顧客価値を実現するために、全国に10か所の専用劇場を持って年間4000回近い公演を行いますが、公演を担う俳優に求める能力・資質は、作品の魅力を100パーセントの品質で観客に届けられることです。80パーセントでも120パーセントでもありません。100パーセントの品質で顧客に届けるために、脚本の完璧な暗記、正確な発音、正確な音程での歌唱をする能力が必要とされるわけです。どれだけ「有能」であっても、アドリブを入れたり、自分流の歌い方をしたりする個性豊かな俳優は、劇団四季にとって「有益な人材」ではありません。

俳優以外の社員についても役割は明確です。劇団には、全体のマネジメント、上映作品の選定からはじまって、チケット購入申込みの受付や、劇場での応対、その他の間接業務など、多くの業務が存在しますが、求められる行動・能力は「演劇のすばらしさ、生きる喜びを届け」「観客に喜んで帰っていただく」という目的を達成することに収れんします。

求める人材像があって人事制度が生まれる

求める人材像は、ビジネスモデルを展開していくための機能を担っていく人材像として定義すべきことは理解いただけたと思いますが、その中身は企業によって様々であってよいのです。「明るく積極的な人」「実直な人」「チームプレーができる人」「自由な発想のできる創造的な人」「従順で我慢強い人」など、シンプルなフレーズで表す会社もあれば、ビジネスモデルのなかの機能を担う観点から、必要スペックを含め詳細に定義する会社もあります。

また、人材には階層が存在します。多くの人材が企業活動に参加して全体としてビジネスモデルが形成されますが、レベルの違う人材を機能として捉えた場合、何らかのグレード（等級）設定が必要となります。グレードについては、能力基準、職務基準、役割基準など、企業が選択する基準によって必要なレベル数が設定されます。

最近では、このレベル数を小さく設定する傾向、つまり社員のくくり方としてはブロードバンド化する傾向にあります。グレード設定は、ビジネスモデルを展開するための人的資源の基本構造を示すものですが、社員はグレード定義に従ってその人材にふさわしいグレードに「格付け」されます。

そして、人材に求められる行動特性やその方向性を具体的に表現した行動指針、あるいはキャリアパスなどの人材成長モデルも設定されます。基本的なポイントを、以下に簡単にまとめておきます。

① 評価・フィードバック

最も中心的な概念である、求める人材像、「有益な人材」の定義、グレード設定を受けて、次に評価基準がきます。

評価基準は、企業としての基本的な人材のグレード設定の基準に準じて設定されます。日本企業では、現在でも能力を基準にグレード設定し評価を行う能力主義の考え方が主流を占めていますが、役割をグレードの基準に置く役割主義、職務を基準に置く職務主義も一定割合存在し、役割主義は増加傾向にあります。

ビジネスモデルの諸機能は、人的機能としての職種や職務に展開されていきますが、それらの機能・役割を遂行するために必要となる能力基準等が職種別、階層別に定義され、それが評価基準にもなります。なお、ビジネスモデルの諸機能は会社によって異なるので、評価基準も当然会社によって違ってきます。借り物の基準を持ってきて当てはめてみても、実効性はあがりません。

社員の日常的な評価や半期・通期の評価は、基本的にはこの評価基準をもとに個人ごとに作成される評価シートを使って行われます。評価シートには成果目標等が評価項目として付加されることも一般的です。

評価は、人材に対するその会社独自の価値判断であり、人事制度の諸施策のなかでも中心的な行為です。そして評価結果については、本人にフィードバックされると同時に、賃金制度、教育・訓練、異動・昇進・昇格などに活用されます。

② 賃金制度

賃金は、役割・機能遂行の対価となり、その金額は基本的にグレードと評価に対応したものになります。

賃金を支払うしくみ、つまり賃金制度の留意点としては、ここでもやはり「目指す顧客価値」の実現とビジネスモデルの展開への貢献度に矛盾しないものとすることです。この観点からは、信賞必罰の概念が生まれますが、成果主義はこの考え方に沿っています。

一方、人材投資は長期的な視点で行うべきものであり、短期の成果によって極端に賃金を上げ下げするのは避けるべきという考え方も出てきます。この考え方からすると、賃金にはある程度の安定性が必要です。

これらの複数の要素に対応するために、月例賃金は中長期の成長を反映した緩やかなカーブとして、役割・責任の重さについては役職手当等でカバーし、短期的な成果については賞与に反映させるというのが一般的な手法です。

もう1つの留意点は、賃金の性格が衛生要因であるということです。衛生要因というのは、フレデリック・ハーズバーグが50年以上前に提唱した概念で、仕事上の満足・不満をもたらす要因に関する理論（動機づけ・衛生理論）に基づくものですが、現在においても有効で参考とすべき考え方です。

これは、仕事に対する満足をもたらす要因（動機づけ要因）と不満をもたらす要因（衛生要因）は異なるとする考え方です。満足に関わる動機づけ要因は、「達成すること」「承認されること」などで、これらが満たされると満足感をおぼえます。しかし、欠けていても不満をもたらすわけではありません。

不満に関わる衛生要因は、「作業環境」「対人関係」「賃金」などで、これらに問題があったり不足したりすると不満をもたらします。しかし、満たしたからといって満足をもたらすわけではありません。

賃金が衛生要因であるということは、きわめて重要な意味を持ちます。賃金は、世間並み以下の水準である場合には不満が生まれます。また、仕事をやってもやらなくても賃金が同じであったり、不公平感があったりしても不満は生じます。しかし、賃金を動機づけ要因としてモチベーション向上の道具として使おうと思っても、有効に機能しません。成果主義賃金制度が多くのケースで失敗に終わるというのは、この理由によります。

賃金制度は、公平性と納得感が得られるように工夫することが必要です。そして、賃金を、モチベーションを高めるエンジンとして使おうとしないことです。金銭的な報酬で仕事を動機づけようとするしくみが、仕事の成果に対してマイナスに作用することがあるという研究結果も報告されています。特に創造性を必要とする職種において、それが顕著な傾向として現れると言われています。

③　採用・配置・異動・昇進・昇格

評価結果は、配置、異動、昇進、昇格にも反映されます。

評価により人材のありようを把握して、適材適所を図るために配置、異動、昇進、昇格を行います。

採用においても、評価基準は活用されます。もちろん、応募者はまだその企業で働いたことがないので、そのまま当てはめるというわけにはいきません。しかし、新卒であれば初級の、キャリア（中途）採用であれば該当グレードの評価基準を当てはめてみて、どのような評価結果になるかを頭のなかでシミュレーションしてみることは1つの判断材料となります。

その際、現時点で業務をどの程度遂行できそうかということに加えて、入社後伸びていけそうかどうかを想定してみることも必要です。つまり「伸びしろ」があるかどうかですが、これについては劇団四季の例が参考になります。教育・訓練に関する独自の方法論を持っている企業は、伸びしろの判定がより正確に行えるようになります。

社員用の評価基準が、まったくもって応募者に当てはめにくいと感じた場合は、評価基準そのものが不適切である可能性があります。その場合は、評価基準の見直しが必要です。

④ 教育・訓練

評価結果をもとに、足りないところを補い、強いところをさらに強くするために、教育・訓練を行います。

教育・訓練には3つの意味があります。

第1は、実際に必要な能力をつけさせることで、これが直接的な目的です。

第2は、アナウンス効果です。教育・訓練を通じて、会社がどのような能力を必要としているか、なぜそのような能力を必要としているか、それが結果的にどのように「目指す顧客価値」の実現に貢献するかを社員に知らしめ、社員の意識・ベクトルを「目指す顧客価値」実現の方向に合わせていくためです。

第3は、社内に「教えるカルチャー」を根づかせることです。企業は、成長が自己増殖していくような組織にしていくことを目指すべきです。そのためには、インストラクターは基本的に社員が務めなければなりません。外部の講師や外部の研修機関に教育・訓練を丸投げするのは本末転倒です。

「教えることが一番勉強になる」とはよく言われることです。最初は不十分であっても、社内で教育プログラムを整備していき、先輩社員が教え、その結果を踏まえてプログラムや教える方法を改善していくというサイクルをつくった場合、その効果は計り知れません。

もちろん、手間はかかりますが、ここは手間のかけどころで、それこそが最も投資効果の高い行為となります。効率性を何よりも重んじたジャック・ウェルチがゼネラル・エレクトリック社のＣＥＯ（最高経営責任者）を務めていた頃、超多忙なスケジュールのなかで、自身が講師を務める形で幹部社員の教育訓練のために膨大な時間をあてていたと言われています。

人材育成は、多大な労力を要しますが、それを的確に行った場合、時間がかかるだけに他社の追随を許さないものになります。

劇団四季においても、独自の研修プログラムの存在があってこそ、年間４０００回近くにも及ぶ公演の品質レベルを一定の水準に保てているのです。また、研修プログラムがあることで、採用の際に応募者が潜在能力を持っているかどうかを見るポイントが絞られ、結果的に伸びしろの大きい人材を採用できる確率も上がっていきます。

人事制度は、経営理念、「目指す顧客価値」、ビジネスモデル、経営戦略から発するものであり、その中心には「人材像」があります。そしてその「人材像」を具現化するため、「評価・フィードバック」「採用・配置・異動・昇進・昇格」「賃金制度」「教育・訓練」の諸施策があり、それらはすべて関連し、単独で成り立っているものではないことを理解する必要があります。採用に

図表3　人事諸施策は経営戦略そのものである

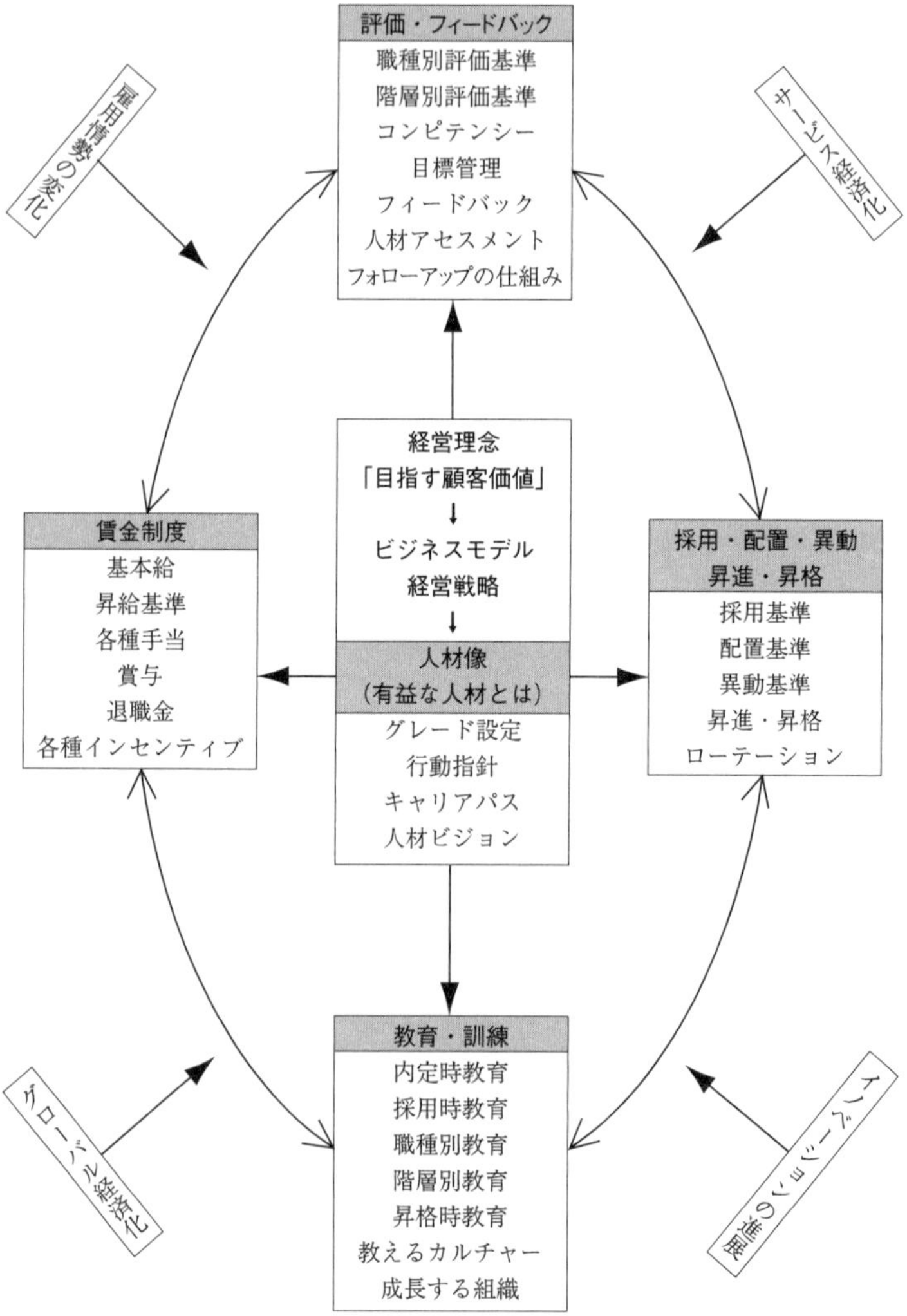
評価・フィードバック
職種別評価基準
階層別評価基準
コンピテンシー
目標管理
フィードバック
人材アセスメント
フォローアップの仕組み
雇用情勢の変化
サービス経済化
経営理念
「目指す顧客価値」
ビジネスモデル
経営戦略
人材像
（有益な人材とは）
グレード設定
行動指針
キャリアパス
人材ビジョン
賃金制度
基本給
昇給基準
各種手当
賞与
退職金
各種インセンティブ
採用・配置・異動
昇進・昇格
採用基準
配置基準
異動基準
昇進・昇格
ローテーション
教育・訓練
内定時教育
採用時教育
職種別教育
階層別教育
昇格時教育
教えるカルチャー
成長する組織
グローバル経済化
イノベーションの進展

ついても、この全体像のなかで行っていく必要があります。

もう1つのポイントは、人事諸施策を不変のものとしてはならず、環境変化に対応して変えていく必要があるということです。サービス経済化、イノベーションの進展、グローバル経済化、雇用情勢の変化などを受けて、求める人材像や評価基準、教育訓練のあり方等を修正していく必要があります。

これらの人事諸施策の関連を示すと、図表3のようになります。

第2章 「日本一感動のある会社」はこうして生まれた
――都田建設の事例

静岡県浜松市にある都田建設は、自由設計の木造住宅を年間約100棟建設している社員40数名の建設会社です。同社は、「目指す顧客価値」とその実現のための人材像を明確に定め、定めた人材像に沿った採用、評価、教育などの人事政策をきわめて戦略的に行っています。

都田建設の成長は、現社長・蓬台《ほうだい》浩明氏の入社をきっかけに始まりました。蓬台氏は大学卒業後、住宅建築がやりたくて再度大学の建築学科に編入して勉強し、大手住宅メーカーに就職した経歴を持ちます。しかし、そこでの家づくりにどうしても納得いかず転職、1999年に都田建設に入社しました。入社当時は、現会長で当時社長の内山覚氏と女性の事務員がいるだけの小さな会社だったそうですが、内山社長に非常に惹かれるものがあって、入社を決断したと言います。

蓬台氏の入社を契機に、都田建設は急成長を始めます。そして入社3年目、蓬台氏は内山社長から大きな権限を与えられ、「家づくりを通じて日本一感動を届けることのできる会社になろう」と決意、会社の改革に乗り出しました。

その決意に至るプロセスとして、蓬台氏は顧客から「この家を燃やしてほしい」と言われるほどの深刻なクレームを経験しています。そのケースにおいて彼は、施主の了解を得て材料を取り替え、もう一度全力で工事を行い家を完成させました。

高品質の家づくりは、もとより都田建設の目指すところでした。にもかかわらず発生してしまったこの事件を教訓として、蓬台氏は3つのテーマを設定します。「会社としての品質管理の基準づくり」「細部まで含めたルールの徹底」「会社一丸となって、本気でお客様を守るチームワークの重要性」です。そして、これらテーマの徹底を基礎に置き、「家づくりを通じて日本一感動を届けることのできる会社になる」ことを目指したのです。

一本の映画のような家づくり

蓬台氏が目指すのは、「家づくりを通じて日本一感動を届けることのできる会社になる」ことですが、それを「一本の映画のような家づくり」というキャッチフレーズで表しています。施主にとって家づくりは人生の一大事です。完成に向けての1つひとつのステップは、その後の人生にとって、とても大事なことを決めていくプロセスでもあります。しかし、現実には事務的に、あるいは無機質に家づくりが進められるケースが多いのです。

都田建設の定義では、家づくりは、家というモノを完成させることだけが目的ではなく、「ご家族のライフスタイルを素敵にすること」が目的です。その観点からすると、顧客にとって人生の一大事である家づくりのプロセス自体が、ワクワク感のあるものでなければなりません。そこで、家づくりのプロセス自体を「一本の映画のように」感動的なものにしていこうと決意したのです。都田建設の家づくりでは、質の高い真摯な対応を徹底して行うため、引き渡しの際などに実際に顧客が感動の涙を流すことも多いそうです。

また、家はつくって終わりではなく、その後のフォローも必要となります。家を引き渡した後の対応を、一般的には「アフターメンテナンス」と言われていますが、「ご家族のライフスタイルを素敵にすること」を家づくりの目的に据える都田建設では、アフターメンテナンスという言葉は使わず「ライフアップ」と呼んでいます。ライフアップの具体的な対応としては、不具合をメンテナンスして戻ってくるだけでなく、そうした際に顧客にとって価値のある生活提案を1つでも2つでも提示し、あわせてその実現のサポートをすることが基本スタンスになっています。

都田建設が目指す「一本の映画のような家づくり」という「顧客価値」を実現するためには、社員の行動が一定のベクトルを持ったものである必要があります。社員力＝サービス力であり、社員の行動と資質がそのまま顧客の会社に対する評価となるからです。

たとえば都田建設の社員は、自分の担当でない顧客に対しても名前を呼んであいさつをします。これが「顧客価値」につながるわけですが、ではそれはどこから生まれてくるのか。特別なことではなく、きわめて基本的なことがその原点になります。きちんとしたあいさつができるか、楽しい会話ができるか、顧客に対して必要なフォローがきちんとできるか、そして何よりも社員同士の一体感を保つことができ、会社として強い集団が形成できるか、が問われます。

家づくりは1人だけでは完結せず、連携プレーが欠かせません。土台となる会社組織がバラバラであったり、うまく連携ができていなかったりすれば、よい家づくりなどできるはずがありません。社員が一丸となり、あわせて大工や左官、協力会社も含めて一体となって目指す家づくりを遂行しなければ、目的を達成することはできないのです。


段取り力、マネジメント力を鍛える「バーベキュー」


都田建設は、顧客を感動させる家づくりを行うためには、まず社員自身が感動体質になることが必要であると考えます。

朝のあいさつはその始まりです。毎朝出勤したときに、自分より早く出勤している社員に対して必ず名前を呼んで大きな声であいさつをします。これは徹底的に守られているもので、ルールというよりも掟《おきて》といったほうが適切です。

「自分の担当でない顧客についても、名前を呼んであいさつする」ことは、守るべき基本事項として徹底され、社員の行動基準シートにも織り込まれています。

また、都田建設では、社長も含め、社員がお互いをニックネームで呼ぶというルールがあります。蓬台社長は「だいちゃん」です。新入社員は、入社した際、最初の朝礼で自分のことを何と呼んでほしいか全社員の前で宣言します。これは、役職による垣根を取り除き、一体感を高めるためのルールです。

毎朝開かれる朝礼も大事にしており、「感動工房」と呼ばれています。そこでは、前日にあった感動の（涙の）場面を全員で共有します。前述したように、都田建設の家づくりのなかでは、家の引き渡しの場面などで、顧客が感動の涙を流すことが少なからずあります。この「涙の感動数」も社員の評価対象になっています。涙の感動の場面、要素、その成り立ちを共有し、それを標準化し再生産していくためのしかけでもあります。

同社のユニークな取り組みの1つが、週に1度の昼休みを使った全員参加によるバーベキューです。当番制で、予算は1万円。当番になった人は、1時間という限られた時間のなかで準備から片付けまでを行い、さらに限られた予算のなかでおいしくてボリュームのあるものを提供しなければなりません。このバーベキューの目的は、社員が一緒に食事をすることによって組織としての一体感を醸成することのほか、日々の仕事に必要な段取力、マネジメント能力を鍛えることです。

「想いを一つに」は、都田建設の合い言葉です。年間に延べ何千回もこの言葉を使うそうです。都田建設が社員の一体感を醸成することに、大きな力を注いでいることがわかります。

119対応――新規商談よりクレームが優先

家づくりのプロセスで、間取りのプランニングは最も重要な課題です。都田建設では、顧客が今の時点で思い描けるプランを聞き取るのではなく、その顧客の「未来の姿」を顧客とともに考え、理想の間取りを探していくというスタンスを取ります。

この時点で、顧客と未来を共有する立場になりますが、その際、顧客のセルフイメージを高めていくことを考えます。「ご家族のライフスタイルを素敵にすること」が都田建設の家づくりの目的だからです。

「明るい光がふりそそぐリビング」「家族の絆」「趣味を楽しむ」「友人が集う家」「インテリアを楽しむ」「薪ストーブ」「ウッドデッキ」「ペットと暮らす」「木のぬくもりのなかで子供が育つ」「ガーデニングを楽しむ」「実り多き庭」「手作りパン」など、いろいろなキーワードが出てきます。

行動の優先順位もはっきりしています。「ご家族のライフスタイルを素敵にする」ために、現在進行中の商談よりも、すでに生活が始まっている引き渡し後の顧客からの相談や不具合の問い合わせへの対応を優先させます。

引き渡し後の顧客からクレーム等があった場合は、連絡があってから1時間19分以内に必ず現場に到着しなければなりません。たとえ、現在商談中であっても、それをキャンセルして現場に向かうのが鉄則です。これは「１１９対応」と呼ばれるルールで、掟として実行されています。

社員が変わることで入社希望者も変わった

蓬台氏が都田建設の改革を始めたのは、前述のように入社3年目からです。改革の内容は、「家づくりを通じて日本一感動を届けることのできる会社になる」こと、そして「一本の映画のような家づくり」をしていこうとするものでした。

これを行うには、社員の意識レベルの変革が必要になります。この趣旨について、社員1人ひとりと話をし、自分の思いと社員の意識のギャップを埋めようとしました。顧客の満足、感動のために、心の底から奉仕しよう、そのような働き方をしようと呼びかけました。大工、左官、塗装工など建築に関わる職人にも同じ呼びかけをしました。

しかし、それに対して全員が共感できたわけではなかったのです。結果として、蓬台氏の呼びかけに行動で応じることができない社員や職人には、断腸の思いで辞めてもらうことになりました。

企業が、ある方向性を明確にしたときに、そのベクトルに沿って行動できない社員を解雇せざるを得ない、あるいは、そうした社員が結果として辞めていくということは往々にしておこり得ることです。こうした「純化のプロセス」は、企業の成長のなかで避けられないものなのです。ともかく、こうして「目指す顧客価値」が明確になり、成長トレンドが生まれてくれれば、あとは人材確保を急がなければなりません。

都田建設では、非常にレベルの高い接客や顧客サポート、社内行動が要求されるため、キャリア（中途）採用が中心です。

　都田建設の流儀で働くことにより、その方向性を自分のものとして受け入れることができる多くの社員は、自分が学んでいること、成長していることが実感できます。他社を経験しているキャリア採用社員の場合、都田建設以外ではこうした学びと成長が得難いことが理解できます。そして、その違いを認識すること自体が、都田建設で働くことの動機づけになります。一方、新卒社員の場合は、都田建設と他社との違いがわからないため、そうした面での動機づけをあらためて行うことが必要となります。

　このような理由で、都田建設の人材確保は、キャリア採用を中心とした組み立てになっています。ただし住宅建築業界に勤めていた人材については、たとえ経験が豊かであっても慎重に判断します。都田建設が達成しようとする顧客価値、そのための社員の働き方や求められる行動は、同業他社とはまったく違います。したがって、同業他社での経験は役に立たず、むしろ邪魔になる可能性が高いと判断しているためです。

　改革を始めた後に、「日本一感動のある会社」づくりに共鳴した1人のすばらしい青年が入社してきました。その青年は、面接では感動して涙を流したそうですが、現在、熱いサービス・リーダーとして、会社を支えています。都田建設では、会社の理念に強く共感することが入社の前提となっており、彼の入社後は、続々と優秀な社員が集まってきたそうです。

　筆者がこれまで見てきたケースでも、会社が改革を始め、そのコンセプトを採用の面においても明確に打ち出した場合、以前よりもレベルの高い応募者が集まり始めるという現象が起きています。本格的な改革を始めた初期の段階で、その後の会社の中枢を担う人材が入社するということが往々にしてあります。これらは理屈を超えた現象ですが、実際に都田建設にも起きました。

「有益な人材集団」をつくった採用プロセス

理屈を超えた現象が起こる世界とは言え、「有益な人材集団」をつくるうえで、採用プロセスは、きわめて重要です。都田建設の採用の具体的なプロセスを見ていきましょう。

① 求める人材像の明確化

目指す顧客価値である「一本の映画のような家づくり」を実現することのできる人材が採用対象です。その人材像は、「人が好きで素直に感動できる人」「心のきれいな人」などのキーワードで表現されます。これらの内容は、都田建設が目指す顧客価値の実現のために、社員が取るべき様々な行動の前提となる資質です。

建築業界の経験は必要ではなく、むしろ業界経験者は「悪い癖」がついている可能性があり、採用にあたってプラスの評価とはなりません。

② 募集

募集は、就職活動ナビを活用して行われます。最近では、蓬台社長が本を出版したり、都田建設に関する情報がインターネットや口コミで広がったりしている関係もあって、応募者の確保、つまり「母集団の形成」には苦労しません。

しかし、都田建設もその当初においては、募集・採用がいくつかの偶然で成り立っていました。そもそも蓬台氏と都田建設の出会いがその始まりです。その後、改革路線に舵を切ることを決断した際に応募してきて、面接で感動の涙を流した青年との出会いも、募集のプロモーション効果をはるかに超えた出来事であったと考えられます。

理屈を超えて、志と志が共鳴したとしか思えない事象が、成長していく企業の採用においては起こります。端的に言えば、「ご縁があった」ということになりますが、成功する経営者は、偶然に起こることや「ご縁」を大切に扱う姿勢が特に強いと感じられます。

③ 経営理念、「目指す顧客価値」への共感の確認

都田建設においては、応募者が、経営理念や「目指す顧客価値」の実現に対して共感できることが大前提です。「家づくりを通じて日本一感動を届けることのできる会社になる」こと、「一本の映画のような家づくり」を行うことへの共感がなく入社した場合、ここで働くことは、精神的な負担ばかりが大きい作業に従事することになり、継続は困難であると考え

られます。

現在、都田建設への応募者は、経営理念や「目指す顧客価値」の実現に共感して応募してくる人材が大部分です。

④ 経営戦略など経営の全体像の理解を求める

経営理念や「目指す顧客価値」の実現への共感が出発点ですが、それだけでは十分でありません。組織とその機能など経営の成り立ち、戦略、今後の展開など経営の全体像と、そのなかで具体的に社員に要求される行動や能力などについて、イメージだけでもいいので応募者に理解してもらう必要があります。

経営理念や「目指す顧客価値」は、人間の身体にたとえるならば頭です。それを具体的にどのように展開していくかという胴体、手、足の部分については、応募者は何のイメージも持っていないというケースや、持っていたとしてもそのイメージが実態とはかけ離れている場合があります。

一般的に、新卒者でそのようなことが起こりがちで、中途採用者の場合は具体的に業務がどのように執り行われるかという胴体、手、足の部分について、現実的なイメージを持っていることが多いと思われます。ただ、都田建設のように純化された企業活動を行うケースでは、応募者が持っているイメージが邪魔になる場合もあります。

都田建設の場合は、会社のホームページ、蓬台社長の著書・ブログ、スタッフのブログなどで、頭だけでなく胴体、手、足の全体像を知ることが可能であり、事前にそれらを研究し準備してきた応募者については、理解と共感が形成されている可能性が高いと考えられます。

⑤ 働くことの現実を正確に伝える

「目指す顧客価値」の理解と、ビジネスモデルなど経営の全体像の理解の間には距離があります。また、それらを理解したとしても、そのなかで働くことの現実を理解するまでにはさらに距離があります。

つまり「家づくりを通じて日本一感動を届けることのできる会社になる」「一本の映画のような家づくり」について理解し共感できたとしても、実際に会社のなかにどのような役割があって、どのような働き方をするかは、よく説明しないとわからないということです。

したがって、「あなたはこのように働くのですよ」という現実を伝える必要があります。一般に早期離職者の多くが、自分の描いていた「ここで働くことのイメージ」と現実との間に大きなギャップを感じています。事前に聞いていれば何でもなかった現実が、小さな違和感となって蓄積し、それが「こんなはずではなかった」という思いに拡大していって、離職につながるのです。

都田建設では、この点をくどいくらいに伝えます。たくさんの「涙の感動」を味わい、一体感のあるチームで働ける喜びの一方で、舞台裏でのきびしさ、大きな緊張感、大変さがあり、割合で言えば楽しさときびしさが1対9であることを伝えます。「やめたほうがいいよ」とまで言うそうです。

その他、ルールやけじめにはとても厳しいこと、チームの一員としての行動が常に求められること、自分を変えることをためらわないことが要求されることなどの現実を、率直に伝えていきます。

⑥ 人材検証プロセス

応募者が、「家づくりを通じて日本一感動を届け」「一本の映画のような家づくり」を行うための行動を取ることができるかどうかという観点から検証を行います。蓬台社長が直接面接を行い、会話や質問を通じて人物像を見極めていきます。

建築の専門知識よりも都田建設で行うべき行動が取れるかどうか、都田建設チームの一員としてやっていけるかどうかの資質を見極めることに注力します。

具体的には、次のような内容を検証していきます。

1) 会社の理念や事業展開に共感しているか

現在、ほとんどの応募者は、経営理念・「目指す顧客価値」については共感したうえで応募してきます。それらを具現化する実務の展開について共感が得られるか、ミスマッチがないかを検証していきます。

都田建設の家づくりは、家というモノをつくることだけが目的ではなく、「ご家族のライフスタイルを素敵にすること」が目的です。そのための様々な役割・機能を果たしていく必要があり、様々な業務が存在します。実際にインテリア・ショップも運営しています。「住まい」に関わる多様な仕事があり、そうしたことが好きかどうかを会話のなかで具体的に確認していきます。

2）感動体質かどうか

「この半年間で、あなたが涙を流すほど感動したことはありますか」「この半年間で、あなたが涙を流すほど悔しかったことはありますか」という質問をします。

うれしいこと、悲しいこと、悔しいこと、怒ったことなどの感情、つまり喜怒哀楽の感情が希薄な感受性の乏しい人材は、都田建設の「感動経営」の社風についてこられない恐れがあります。「涙を流すほど感動したこと」という質問では、感動体質かどうかを類推します。「自分がした行為で相手が喜び、それによって自分が感動した」という答えは非常に望ましいものですが、「もらう」ことの前に「与える」ことを優先する人が集まる工夫をしています。

3）明るくプラス思考を持っているか

笑顔が自然に出てくるか、愛嬌があるかどうかは大事なポイントです。

「あなたはツイていますか?」という質問もあり、これに対する反応や、肯定的な答えが返ってくるかどうかなどを見て、プラス思考を持っているかどうかを類推します。

「あなたの夢、3年後、5年後の自分像は?」という質問もあります。この質問に対しては、「リーダーとして人の上に立ちたい」「1級建築士になりたい」といった「個性」が答えとして出てきます。漠然としたイメージを言う人に対しては、憧れる人物を語ってもらいます。それを聞いておくことで、その人材の動機づけの際のヒントとすることができます。

4) 自分を変えることのできる素直さがあるか

素直さがないと、「目指す顧客価値」を実現するための方法論について、懐疑的、批判的になりがちです。とにかく、受け入れてやってみるという姿勢が必要です。

「あなたの髪型や言葉遣いについて指摘を受けたら、どのように行動しますか?」

「自分の魅力を3つ、弱点を3つあげてください」

このような質問を発してみて、どのような回答、どのような反応があるかを確認します。また、プライベートな面を隠しがちな人は、心を開かず、自分の殻にこもる習性を持つことがあります。

5) 努力できる人かどうか

次のような質問を通じて類推していきます。

「会社のホームページを見てどう思いましたか?」

都田建設に関しては、会社ホームページだけでなく、社長ブログ、社長の本、スタッフのブログなどたくさんの情報にアクセスができます。面接に際して、きちんと準備してきたかどうかを確認します。

「あなたにとって楽しい仕事とは何ですか?」

学生サークルの延長のような楽しさではなく、「厳しさを乗り越えたあとの喜び」ということに対する意識を持っているかどうかを確認します。

6)他者への感謝の気持ちを持てるか

「努力して達成したときに、何を思うか?」

この質問に対して、他者への感謝の気持ちが表れるかどうかは、1つの評価ポイントになります。

7)顧客目線、チーム目線での総合評価

応募者の立ち居振る舞いを観察し、様々な質問、会話をしてみて、もし自分が都田建設の顧客だったらこの人を好きになれるかどうかを考えます。

また、チームの一員として迎え入れ、一緒に働きたい人かどうかを考えます。

都田建設の採用面接は、建築の専門知識や頭のよさではなく、チームの一員として、「目指す顧客価値」の実現を一緒にやっていくことができるかどうか、その人物像の見定めのプロセスであると言えます。

⑦ 採用決定のプロセス

面接後、採用決定まで１週間くらいの時間を置きます。すぐに採用を決定したい人物であっても、この期間は設定します。会社としても、いま一度その人物についてよく考えてみます。

一方、応募者は本来、基本的には入社を希望して来ているわけですから、すぐに採用決定を通知すれば受け入れるはずです。しかし、会社から都田建設で働くことの厳しい現実について話を聞き、それを前提としてなお入社すべきかどうか、「心」を決めてもらう必要があります。

会社にとっても、応募者にとっても、この１週間は必要な期間であると判断しているのです。

採用後の教育とフォロー

採用後３日間は、社長、チームリーダーによる研修を行い、その後現場に配属されます。

ここで１つの掟が登場します。

「入社後1年間は、どんなことを言いつけられても、0・3秒で気持ちよく『ハイ』と言う」というルールです。これは、頭ではなく、心で反応しろという意味です。

仕事の内容や意味をよく理解していない新入社員にとって、言われたことに対しては疑問がわいてくることが多いものですが、とにかくいったんは気持ちよく返事をする、それによって職場のスピード感やプラス思考を乱さないようにしてもらうのです。十分に理解していない事柄に対して理屈を言ったり反論をしたり、言い訳をするカルチャーを組織内につくらないためのルールです。

その代わり、入社後1年間は、1か月に1度、社長が新入社員に面談します。そこでは、たっぷり時間を取り、新入社員の話を聞くことに専念します。指示されたことに対して0・3秒で「ハイ」と言わなければならない彼らにとって、そのまま実行して納得できたことはいいのですが、納得できなかったことについては疑問をぶつけてもらうのです。そうやって、納得するまでとことん話し合います。

このようなしくみを設け、「心の反射神経」が鍛えられることで、新入社員の成長スピードの速さを実感できるようになったと言います。また、この面談で、「朝の目覚めがよくなった」「家族にも屈託なくありがとうが言えるようになった」といった変化が報告されることもあるそうです。

社会人経験がある場合でも、入社後半年程度は会社への適応期間です。新卒の場合は、3年間は会社だけでなく社会そのものへの適応期間であると考えられます。レベルの高い際だった行動を求めるケースでは、とりわけ価値観の浸透や行動原則の徹底についてのトレーニング期間が必要になります。

こうしたことにうまく適合できた場合は成長スピードも速いわけですが、適合できない人材も当然出てきます。都田建設の場合、働くことの現実と要求される行動様式について、事前に十分理解し、納得したうえで入社してくるわけですが、それでも実際にやってみてうまく行かないケースがあり、その場合は３か月程度で退社に至るとのことです。

また、全員参加による社内研修を、毎週１回午前中を使って開催しています。テーマは様々ですが、「仕事のレベルアップ」「サービス力の向上」「品質の改善」「自分で結果を生む仕事をつくること」などについて全員で話し合うスタイルで実施します。そして、そのあとで、全員参加で１時間のバーベキューを行います。

それとは別に、「だいちゃん塾」と呼ばれる幹部クラスを対象とした勉強会を月に１回行っています。こちらのテーマは、「価値観に基づいた判断基準」「叱り方」「危機管理」「リーダーシップ」「チームビルディング」「社員の個性の活かし方」など、マネジメントに関する内容が中心です。

事務所の壁面に掲げられている１枚の絵。カラーで将来やりたいことが描かれている（提供：都田建設）

動機づけとリフレッシュ

都田建設の事務所の壁面には、1枚の大きな絵が掲げてあり、カフェや病院、教会、学校など、いろいろなサービスが具体的に描かれています。社員が集まって、将来やりたいことを話し合い、その結果を絵にしたもので、都田建設の中長期のビジョンと言うことができます。都田建設は、ライフスタイルを素敵にすることの支援を行う会社なので、やろうと思えばどんなことでもできるわけです。

働くことの動機づけを体系的に行うためには、日常的なやりがいと働きぶりに対する随時の承認に加え、人事制度において基本となる、半年単位、1年単位の評価とフィードバックが必要です。それに加えて、働く人が自身の生涯を展望したときに希望が持てるようにするために、会社の中長期ビジョンも必要となります。

日常的なやりがいと承認、半年・年単位の承認とフィードバック、それに中長期のビジョンが組み合わさったときに、その会社で働くことの継続的な動機づけが可能になると考えられます。

また、きびしいテンションで働くことは、そのこと自体が喜びであるにしても、やはりバランス回復のための休息・リフレッシュ期間が必要です。都田建設では、通常の休暇制度に加えて、11月にロハス休暇として全社員が５～７日の休みを取るようにしています。内容は人それぞれですが、ワーク・ライフ・バランスの確保だけでなく、顧客のライフスタイル支援にとっても有効な「仕入れ」となる制度です。

第3章 「厳選採用」時代だからこそ必要な企業側の覚悟

増える「モンスター顧客」

ここ数年、駅員や乗務員等の鉄道係員に対する暴力行為が増えてきました。JR東日本、JR東海、JR西日本、その他の大手民間鉄道など計25社が発表したところによると、2010（平成22）年4月から1年間に発生した鉄道係員に対する暴力行為の件数は868件にのぼり、過去最高だった平成21年度（869件）とほぼ同じ水準であったとのことです。

加害者を見ますと、飲酒をしている状態が全体の約56パーセントで、年齢は20代から60代までほぼかたよりのない状態でした。飲酒の状態はともかくとして、加害者年齢が年代別に差がないことは、こうした暴力行為が「若気の至り」ではないということのようです。

かつての国鉄時代の窓口サービスや行政サービスには、横柄さを感じることも少なくありませんでした。しかし民営化された現在、仮にそのようなことがあれば苦情が殺到することは間違いありません。近年に至って顧客サービスが向上する一方で、サービスを受ける側の顧客意識も高

図表4　鉄道係員に対する暴力行為

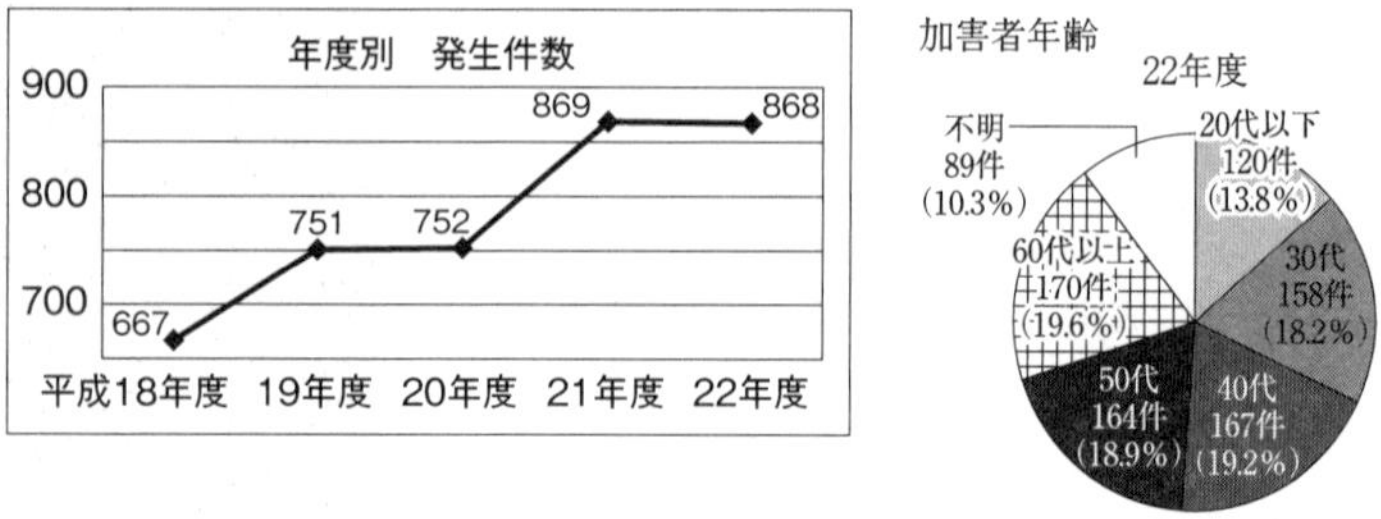

（出所）ＪＲ東日本ほか発表資料

くなっています。顧客意識の高まりは、国民レベルでのメンタリティの変化と捉えることができるでしょう。

「顧客意識」とは、それが有料か無料かにかかわらず、「プロとして各種サービスを行う組織や人に対して、自分は『顧客』であってきちんとしたサービスを受ける権利がある」とする感覚です。そうした意識を持っているため、期待する丁寧さで自分が扱われない場合、自尊心や権利意識が傷つけられ、クレーマー化する傾向があります。

顧客のクレームは、「支払った対価に対して、受けるサービスが見合っていない」ことを不服に思うのが本来の姿です。これは契約における債務不履行の概念です。しかし、現実には対価の有無や金額とは無関係に、「自分は顧客だから、きちんとしたサービスを受ける権利がある」という意識が発生します。これが「顧客意識」です。

そして、対価とは無関係であるために、その要求は限度を超えてモンスター化することがあるのです。近年問題になっている学校におけるいわゆるモンスターペアレントは、まさにその典型で

図表5　産業別就業者数の推移

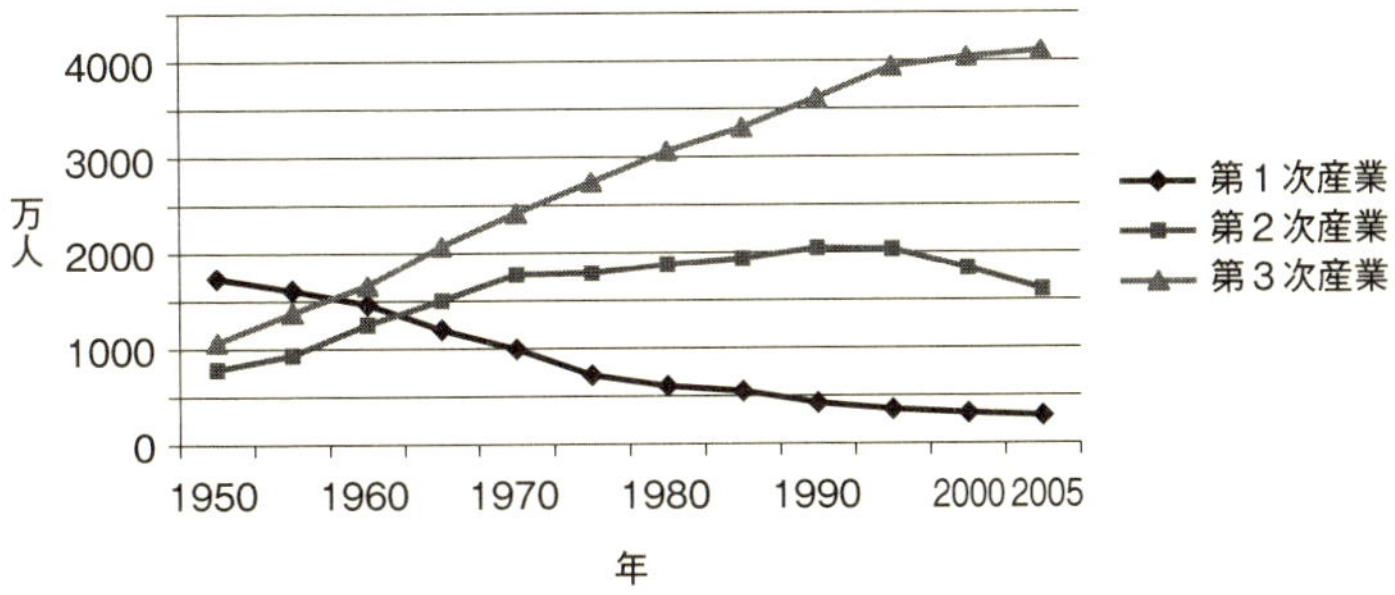

（出所）国勢調査（総務省公表データ）をもとに加工

す。

背景に「サービス経済化」

顧客意識の高まりとモンスター顧客登場の背景には、ポスト工業社会のなかで急速に進むサービス経済化の流れがあります。就業構造を見てみると、第1次産業就業者は一貫して減少、第2次産業においても国内製造業の海外移転、アジア諸国への生産移管等が進み、1990年以降就業者の減少が続いています。そしてこれらの影響も受け、長期的に一貫して第3次産業の就業者は増加しています。

サービス経済化は、第3次産業への就業者が増えているだけの現象ではありません。第1次産業、第2次産業でもサービス経済化と呼ぶべき現象が進んでいます。

たとえば、第1次産業において、第2次産業、第3次産業の間で連携、融合化を進めようとする動きが見られるようになりました。具体的には、農林漁業生産と加工・販売の一体化や、地域資源を活用して新たな産業の創出を促進する取り組みなどが活発化しているのです。

農林水産省も、農商工連携施策や6次産業化施策を打ち出し、積極的に政策支援しています。6次産業化とは、1次産業×2次産業×3次産業＝6次産業という概念です。

第2次産業においてもサービス経済化が進んでいます。生産側の都合で企業活動を行うプロダクト・アウト型の経営では生き残れないということになり、市場・顧客から発想するマーケット・イン型のマネジメントが主流となっています。製造現場においても、「次工程はお客様」というスローガンが象徴するように、どの工程も顧客に直結しているという考え方が浸透してきました。

こうして、あらゆる産業で顧客志向、お客様第一主義がうたわれるようになりました。注目を集めた東京ディズニーランドのホスピタリティや、リッツカールトンのサービス精神は、それらのテーマに関する多くの書籍も出版され、顧客サービスのあり方の一種の理想像と見る向きもあります。

「過剰品質」という危機

サービス経済化は、一般的には商品・サービスの受け手としては大きなメリットがあり、歓迎すべきものです。

たとえば都田建設の場合、「一本の映画のような家づくり」という住宅建築サービスの新たな

図表６ 名目GDP推移

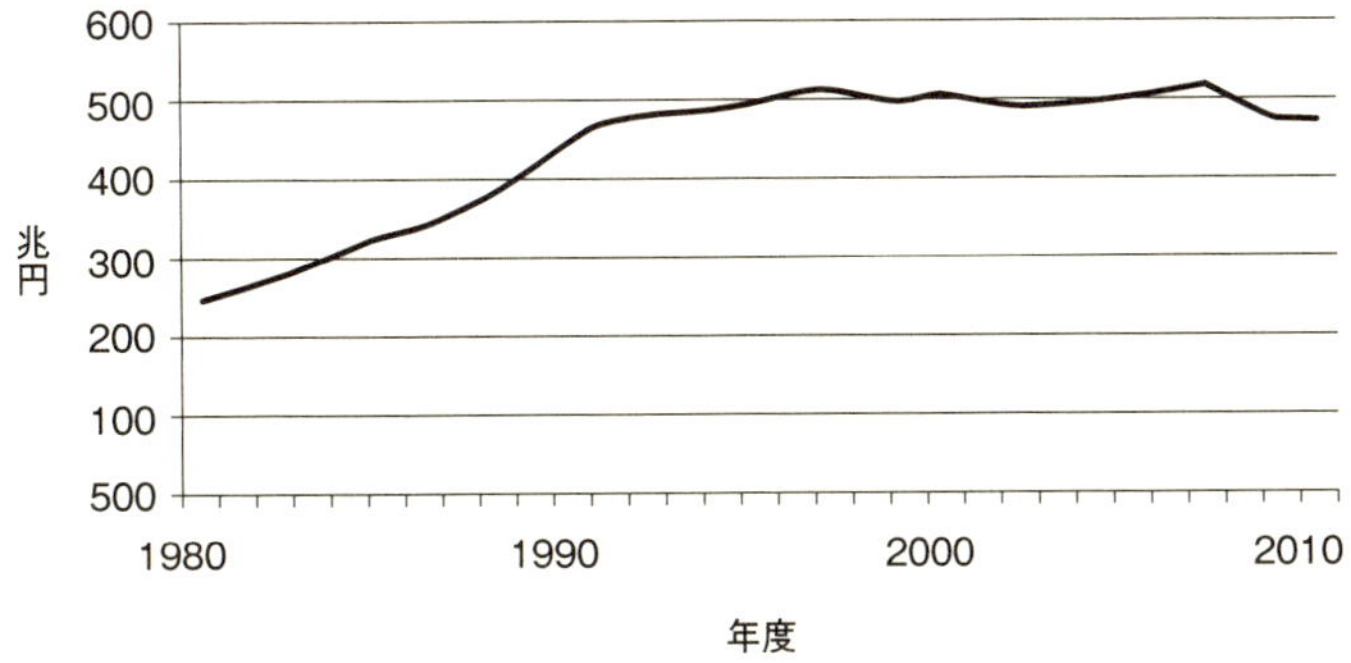

（出所）内閣府公表資料を加工
（注）名目ＧＤＰとは一定期間内に国内で産み出された付加価値の総額を市場価格で評価したもの

フロンティアを開拓するもので、顧客に喜びと満足をもたらします。そこでは、サービスの深化が成長戦略とともに展開されています。しかし問題は、日本のサービス経済化がある種の閉塞感とともに進展していることです。

図表６が示すとおり、１９９０年以降、日本の名目ＧＤＰは停滞を続けています（名目ＧＤＰは市場価格をベースとした統計値であり、生産高や売上高の停滞、収入の伸び悩みといった経済活動を行う者、働く者の実感に近い指標と考えられます）。

この20年間の変化をひと言で言えば、「右肩あがりの時代の終焉」です。この社会情勢の変化のなかで、市場動向、消費者の消費行動、働く人間のメンタリティなどが変化し、それに影響を受けて企業活動も大きく変わってきているのです。しかし、経済活動の水準や生活レベルは基本的に停滞しており、その閉塞感のなかで、第１次・第２次・第３次のすべての産業で際限のないサービスの深化が競われている面があります。

日本製の携帯電話が、細かい機能面の深化を追求するあまり、ガラパゴス化してしまったとはよく言われるところですが、こうした事例が示すようにサービス経済化は、成長戦略とともに展開されない場合、過剰品質を競う消耗戦に陥る可能性があるのです。

サービス経済化の進展と感情労働

サービス経済化が進むなかで、直接に接客サービスなどの業務を行う労働者の割合も増えてきています。

社会学者ホックシールドは、その著書『管理される心』（石川准・室伏亜希訳、世界思想社）のなかで、「感情労働（emotional labor）」という概念を提示しました。「労働の種類として肉体労働、頭脳労働があるが、そのどちらにも当てはまらない労働として『感情労働』と呼ぶべき労働がある」とし、その典型例として旅客機の客室乗務員の労働をあげています。

> 客室乗務員の場合は〈サービスを提供する時の感情の様式それ自体がサービスの一部である〉。「自分の仕事を愛している」ように見えることが仕事の一部になるのである。実際この仕事では、仕事を愛し、乗客を楽しませようと努めることが、自分のためになるのである。人々に応対する場合、その生産物とは心の状態である。（中略）この労働を行う人は自分の

感情を誘発したり抑圧したりしながら、相手のなかに適切な精神状態――この場合は、懇親的で安全な場所でもてなしを受けているという感覚――を作り出すために、自分の外見を維持しなければならない。この種の労働は精神と感情の協調を要請し、ひいては、人格にとって深くかつ必須のものとして私たちが重んじている自己の源泉をもしばしば使い込む。（中略）もちろん、対人サービス的な仕事はいつの時代にも存在した。では何が新しいのかというと、今や彼らは社会的に制御され、徹底的に組織されているということである。（『管理される心』６〜９ページ）

ホックシールドがこの本を出版したのは１９８３年ですが、そのなかで「私の推定では、現在アメリカの労働者の約３分の１が、実質的に彼らに感情労働を要求するような仕事に就いている。さらに働く女性全体のうち約２分の１が、感情労働を必要とする仕事に就いている」（前掲書12ページ）と記述しています。

感情労働を広い意味での対人サービスと捉えた場合、時代が進みサービス経済化が進展した日本では、さらに大きな割合の労働者が「感情労働を必要とする仕事に就いている」と考えられます。

感情労働を支える共感・技術・システム

サービス経済化が進んだ日本で「感情労働」に従事する場合、顧客から感謝やプラスの評価を受ける喜びもありますが、モンスター化した顧客に遭遇することも構造的に避けて通れないのが現実です。感情労働は、辛いことも多いのです。企業としては、感情労働の提供を可能とする組織、しくみをつくる必要がありますが、その取り組みにおいては、採用、教育などの人事政策が重要な要素を占めます。

まず採用にあたって、応募者がそのビジネスにおける経営理念、「目指す顧客価値」に共感できるかどうかが重要なポイントとなります。もし共感できなければ、感情労働は、単なる感情の切り売りとなってしまう可能性があります。その場合の労働は、肉体労働以上に厳しいものになるかもしれません。

都田建設の事例では、「家づくりを通じて日本一感動を届けること」「一本の映画のような家づくり」という経営理念、「目指す顧客価値」への共感と、その社会的な意味についての理解が出発点となっています。入社の際には、その確認と「すり合わせ作業」を徹底して行います。経営理念、「目指す顧客価値」の社会的有益性についての理解と共感があれば、自分が働くこと（感情労働）が社会のために役に立つという最良のモチベーションにつながります。

ただし、経営理念、「目指す顧客価値」への共感があっても、感情労働を行うための基本的な能力や技術を持たなければ、業務の遂行は困難です。この場合の能力とは、主にコミュニケーション能力です。ポスト工業社会では、コミュニケーション能力はあらゆるケースで要求されるものとなりますが、感情労働を組織的に展開する場合、能力向上のための教育・訓練システムや、サービスレベルの向上のためのノウハウを共有するしくみなどが必要になります。

同時に、感情労働のリスクから労働者を守る工夫も必要です。

たとえば対人サービスにおいては、「サービスレベルの標準化」の考え方が重要です。これは、一義的にはサービスレベルを一定レベル以上に保つためのものですが、顧客要求が限度を超えた場合には、「標準化」は組織による歯止めとしても機能します。

対人サービスでは、顧客からの感謝やプラスの評価が労働者に喜びを与える一方で、「失敗」やクレームが必ず発生します。そして、サービス・感情の受け渡しがブラックボックス化しやすく、そこでのインパクトが労働者の心にダメージを与えることがあります。そうした現象に対して組織として対応していく必要があるのです。

そこで、「失敗」やクレームに対する標準的な対処法や、組織としてのフォローアップのしくみをつくり、それを教育や日常業務のなかに組み込んでいくことが重要となります。メンタルな面での相談体制なども必要で、感情労働の負のインパクトが労働者の過重な負担にならないよう配慮しなければなりません。

企業はどんな人材を求めているのか

ポスト工業社会における環境変化のなかで、企業が求める人材像にも本質的な変化が起きています。サービス経済化に伴う感情労働の進展だけでなく、グローバル化、IT化など、社会・経済の大枠を揺さぶる地殻変動が起きています。何よりも、経営環境の変化に対応して、従来とは違った枠組みのなかで新しいことを手探りで行っていく必要性に迫られているため、そうした動きに対処していける人材が必要になっています。

では、企業は具体的ににどのような人材を求めているのでしょうか。

日本を代表する企業の集まりである日本経済団体連合会（経団連）が、2004年4月に「21世紀を生き抜く次世代育成のための提言」を発表しました。そのなかで、「現在、企業は内外の企業との熾烈な競争の中にあり、特に、知恵で競い合う時代になっている。こうした中、産業界は以下の3つの力を備えた人材を求めている」と記述し、経団連の求める人材像を明らかにしています。中心的な記述は次のとおりです。

× × × × × × ×

第1に「志と心」である。「志と心」とは、社会の一員としての規範を備え、物事に使命感をもって取り組むことのできる力である。顧客への対応や関係企業との関係をはじめ、事業活動を推進していく上で、誠実さや信頼を得る人間性、倫理観を備えていることが不可欠である。また、仕事をはじめ様々な形で社会に貢献しようという意欲、目標を成し遂げようとする責任感や志の

図表７　経団連の求める人材像

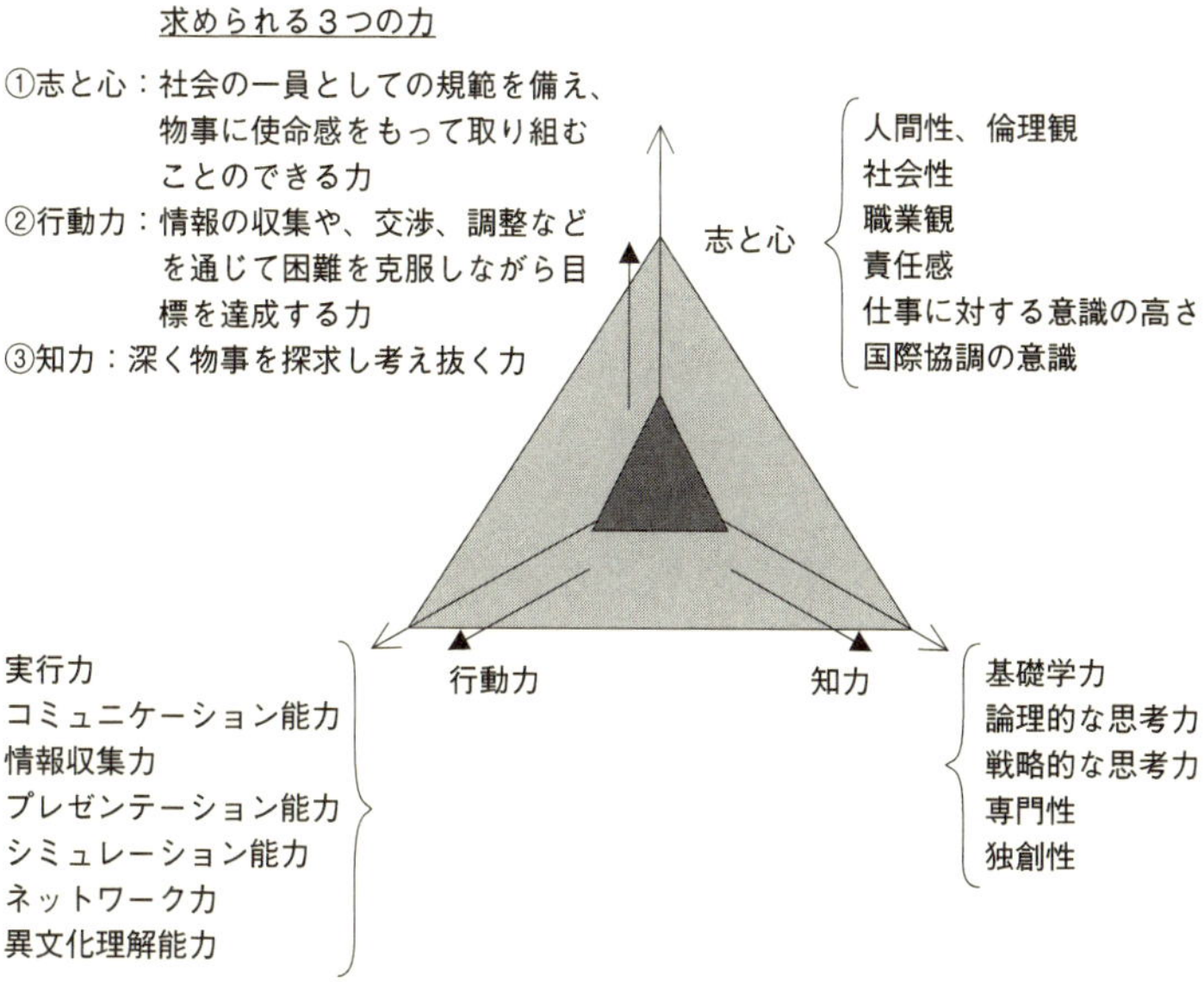

高さなども求められる。最近の若者の傾向として指摘されている、自分から果敢に挑戦する意志や情熱に欠けていること、物事に対する好奇心や夢がないことなどの問題を解決していかねばならない。

第２に「行動力」である。「行動力」とは、情報の収集や、交渉、調整などを通じて困難を克服しながら目標を達成する力である。自らの目標達成に向けて、周りの人々、時には外国の人々と議論し理解してもらうためには、高いコミュニケーション能力が必要である。そのためには、意見の違う相手と意見を戦わす訓練を経験しておくこと、自国の文化を十分理解した上で、異文化を理解する能力を磨くことなどが不可欠である。最近の若者の多くは、「知識・情報は与えられるもの」「仕事はマニュアルどおり行うもの」という姿勢が染み付いており、進んで行動する力の養成が必要である。

第3に「知力」である。「知力」とは、深く物事を探求し考え抜く力である。各分野の基礎的な学力に加え、深く物事を探求し考え抜く力や論理的・戦略的思考力さらには高い専門性や独創性が求められる。「正解が一つでない問題」あるいは「解明されていない問題」を大学生に考察させようとすると、思考が止まってしまうという指摘もある。自分の知識を総合し発展させる思考訓練を早い段階から行うことが必要であろう。

× × × × × × ×

「志と心」

経団連はまず第1に「志と心」をとりあげています。「志と心」とは、働くことの理念や価値観に関わることで、ここで経団連は「働くことのモチベーション」そのものを問題にしています。「最近の若者の傾向として指摘されている、自分から果敢に挑戦する意志や情熱に欠けていること、ものごとに対する好奇心や夢がないことなどの問題を解決していかねばならない」とも言っています。「好奇心や夢」という人間の存在の根底に関わるところにまで踏み込んでいかざるを得ないというところから、経団連が、若い人材に対して強い違和感と危機感を覚えていることが見て取れます。

工業社会、かつての日本の高度成長の時代には、国民は「豊かな生活を実現したい」「何々を手に入れたい」という経済的・物質的な充足を求める思いをおしなべて有していたと考えられます。しかし最近の若者は、必ずしもそうした思いを持っているわけではありません。

経済的・物質的な充足を働くことのモチベーションとすることがむずかしいのであれば、本来の姿に立ち返って、「働くことを通じて社会に貢献する」「働くことで自己実現を図る」という「志と心」をモチベーションとする必要があります。経団連はそれを「仕事をはじめ様々な形で社会に貢献しようという意欲、目標を成し遂げようとする責任感や志の高さ」と表現しています。

サービス経済化やイノベーションの進展等により経済活動が高度化した結果、人によって生み出される付加価値の差はきわめて大きなものになってきました。働くことのモチベーションとしての「志と心」を持たない人材は、目的達成意欲も低く、総じて企業に貢献できない可能性が高いと考えられます。特に大企業では、単純な仕事は社内にあまり残っていないため、間違った採用を行った場合、そのような人材に与える仕事にも困ることになります。

こうした事情から、企業にとって「有益な人材」だけを求める「厳選採用」の流れが強くなっていると言えます。こうした厳選採用のプロセスでは、応募者の働く動機の確認や企業と応募者の価値観のすり合わせを行わざるを得ないのです。

劇団四季では、「演劇のすばらしさ、生きる喜びを観客に届ける」ことへの共感が、「志と心」として求められます。都田建設では、「一本の映画のような家づくり」「家づくりを通じて日本一感動を届けることのできる会社になる」ということへの共感がそれにあたります。こうした経営理念、「目指す顧客価値」への共感と、その実現に向けて努力を惜しまない「向上心」や自分自身を改めることのできる「素直さ」を持つことが求められるのです。

「行動力」と「知力」

2番目の要素は「行動力」です。行動力とは、「目指す顧客価値」を実現するための役割行動を取る能力と言うこともできます。「目指す顧客価値」の実現のためにビジネスモデルがあると説明をしましたが、そのビジネスモデルを構成する機能を担う能力という捉え方もできます。

経団連は、「行動力」の代表的なものとして「コミュニケーション能力」をあげています。外国人とビジネスを展開するにあたり、外国語や異文化を理解し、議論しながら進めていく能力という具体例が示されています。

ポスト工業社会のビジネスにおいては、従来の枠組みが崩れて、慣れない新たな取り組みを手探りで進めていくというケースが増えてきます。そこには、社内外の様々な立場の人間、場合によっては外国人も含め多くの人間が関わることになります。立場の違う様々な人を相手に意思疎通を的確に行う必要があり、それができないとものごとをうまく進めることができないばかりか、トラブルを引き起こすことになりかねません。

ここ数年「見える化」と「報連相《ほうれんそう》（報告・連絡・相談）」という言葉が、あらゆる業種で流行

図表８　「選考時に重視する要素」の上位の推移

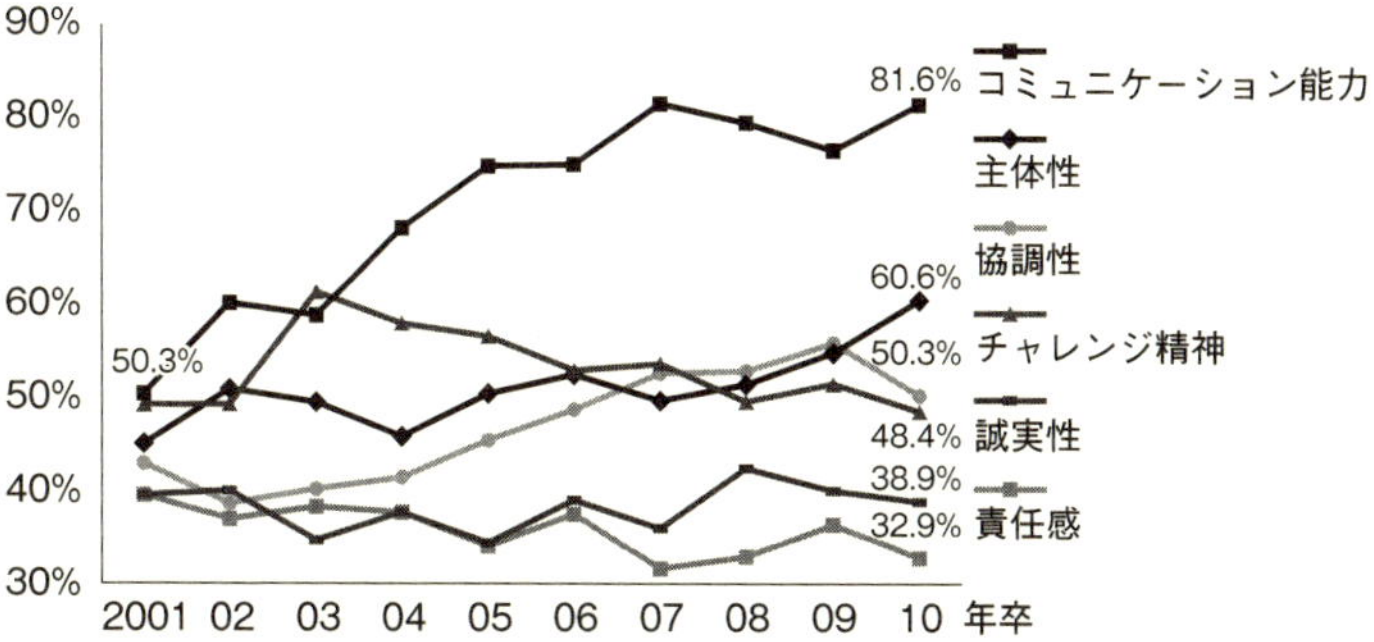

（出所）経団連「新卒採用に関するアンケート調査」
（当該設問は2000年度（01年卒採用）から調査開始）
（注）選考にあたって特に重視した点を25項目より５つ回答。
全回答企業のうち、その項目を選択した割合を示している。

語のように使われていますが、これらに象徴される広い意味でのコミュニケーションを徹底して行っていくことが必要になっています。

このように、ポスト工業社会という時代背景のなかで、企業側の事情として社員に対して広義のコミュニケーション能力を求めざるを得ない状況があります。経団連が会員企業に対して行っている大学等新卒者の採用活動に関するアンケート調査においても、コミュニケーション能力重視の結果が明確に出ています。しかし一方でこれは、コミュニケーション能力に欠ける若者が増加していることの裏返しであるとも考えられます。

この調査は経団連が１９９７年から毎年行っているものですが、２０１０年３月の大学等新卒者の選考の際に重視した点を25項目から５つ選ぶ設問では、「コミュニケーション能力」が７年連続で第１位となりました。「コミュニケーション能力」を選択した企業割合は81・6パーセントで、1年前に比べ5ポイント上昇し、他の項目を大きく引き離しています。

もちろん、「コミュニケーション能力」はきわめて重要ですが、「目指す顧客価値」を実現するための役割行動を支える行動力の1つにすぎません。その他にも必要とされる様々な能力があります。

劇団四季の場合は、研究生として厳しい四季メソッドによる研修プログラムをこなしていく力（劇団四季では「意志の力」と呼んでいます）や、脚本を自分のものとして吸収していく力など、「努力していける力」が「行動力」となります。

都田建設の場合は、「目指す顧客価値」を実現するための役割行動は、「きちんとしたあいさつができるか、楽しい会話ができるか、顧客に対して必要なフォローがきちんできるか」など明確に定義されており、採用面接ではっきりと説明されます。これらの能力が「行動力」にあたります。

求める能力の3番目は「知力」です。

「知力」とは、一般的には知的な面におけるポテンシャルを表します。もし肉体を主に使う職種であれば、「知力」にあたるものは肉体的な能力に変わります。劇団四季の俳優の場合、「知力」は舞台上のパフォーマンスを支える肉体面、演技面を中心としたポテンシャルを表します。具体的には、舞踏力、歌唱力、表現力などです。

ゆとり教育や、一般入試以外の推薦入試・AO入試などが拡がって、18歳人口に対する大学

（学部）進学率が50パーセントを超えたことなどを要因として、大学卒業生の平均的な知的能力が低下しているとの指摘があります。特に、トップレベルの人材を求める傾向が強い経団連の会員企業としては不満が大きく、とりわけ国際的な競争の最前線では、外国企業と比べ人材面で後れをとっていることを痛感しているものと思われます。こうした面からも、優秀な人材だけを採りたいという厳選採用の流れと、従来にないジャンルの採用への取り組みが強くなっていると考えられます。

「新卒」「キャリア」「外国人（留学生）」

日本型人事システムの特徴の１つが、新卒一括採用でした。特に大企業においてはその傾向が強かったのですが、近年、新卒重視に変わりはないものの、経営環境の変化に対応して、キャリア（中途）採用も積極的に行うケースが増加してきました。

そして現在、外国人留学生の採用が１つの大きな流れになりつつあります。リクルートワークス研究所の調査によると、従業員５０００人以上の大企業の4社に1社が２０１２年春の新卒採用計画で「海外の大卒者を採用する予定」と答えています。当然、企業の急激な海外展開がその背景にありますが、理由はそれだけではありません。

外国人の採用には様々な目的がありますが、能力重視の趣旨からの採用が最も高い割合を示しています。株式会社ディスコの調査によれば、外国人留学生を採用する目的に、文系・理系を問

図表9　外国人留学生の採用

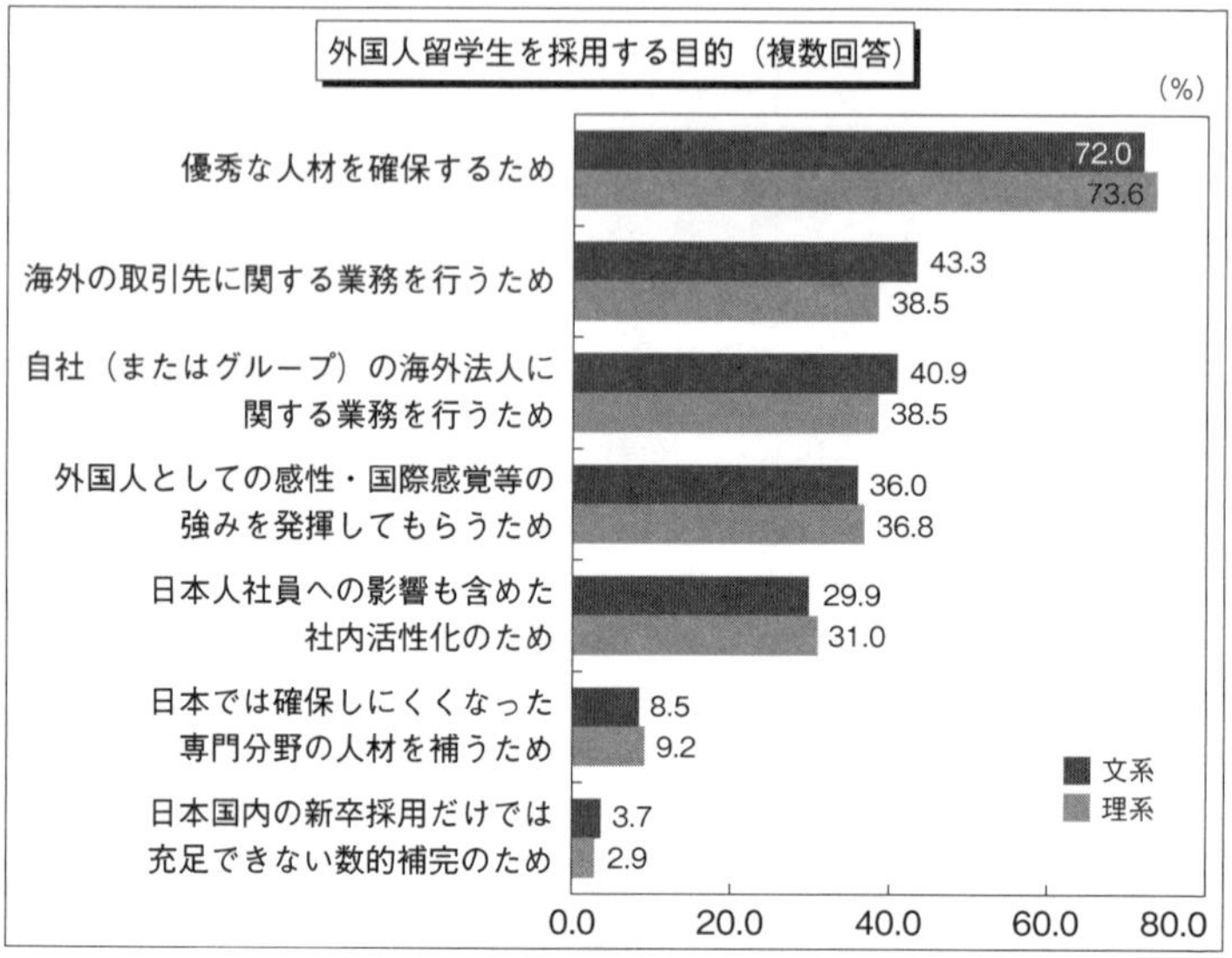

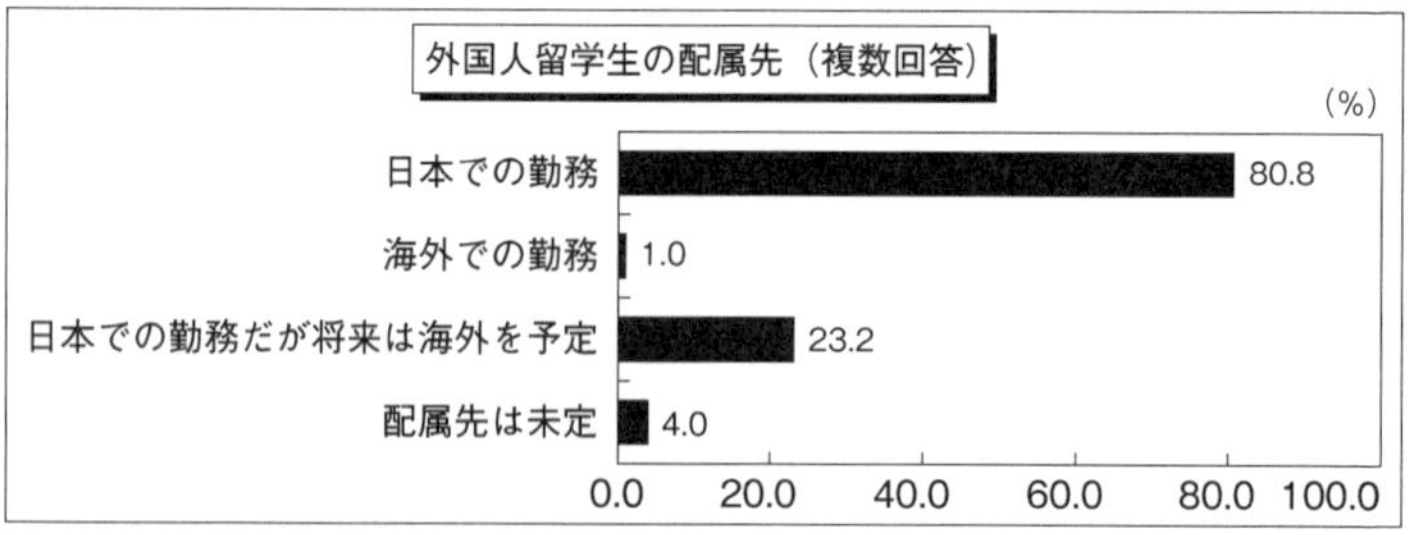

（出所）株式会社ディスコ『外国人留学生の採用に関する調査』（2010年8月）

わずいずれも「優秀な人材を確保するため」が７割を超えています。

「業務の海外展開」という直接的な目的よりも、「優秀だから採用したい」という目的のほうが上位にきていることは特徴的です。なお、新卒採用した外国人留学生の配属先については、「日本での勤務」と答えた企業が８割以上を占めます。つまり外国人留学生の採用が、企業の中枢を担う人材としての期待感に基づくものであることがわかります。優秀な人材だけを採りたいという思いが、日本人学生の厳選採用と外国人留学生の積極的採用という現象をもたらしていると言えます。

また、「日本人社員への影響を含めた社内活性化のため」という回答も目を惹きます。能力の高さに加えて、組織の閉塞感を打ち破り、社員を活性化するための起爆剤として外国人に期待している面もうかがえます。

企業の意思が明確な言葉にならなければ人材は集まってこない

経団連の求める３つの能力を、採用の観点から整理してみます。

「志と心」に関しては、企業の経営理念、「目指す顧客価値」と応募者の志向性がマッチするかという点がポイントになります。これについては、本人の志向性の確認と企業の側からの明確な説明、つまり「すり合わせ作業」が必要になります。

そもそも働くことに対する基本的なモチベーションを持っているかどうかの確認も必要です。

これは、過去において一定の努力を継続的に行ってきたか、つまり「向上心」を持っているかを確認することで、ある程度の類推は可能です。

向上心を持って継続的な努力をしていれば、学業でもスポーツでも、あるいはその他の分野でも、何らかの成果が出ているはずです。それらの点が確認できれば、一定の「向上心」を有していると考えていいでしょう。一定の「向上心」を有していれば、働くことの基本的なモチベーションを持っている可能性が高いと考えられます。ただし、受験やスポーツの面で、親から言われたとおりにやってきたというような場合は、成果があったからといって必ずしもこれには当てはまらないので、本人の動機を含めて確認する必要があります。

「向上心」に加えて「素直さ」も、この「志と心」のジャンルに含まれる要素です。伸びていく人材の基本的な要素として、多くの企業経営者が「向上心」と「素直さ」をあげています。

「知力」については、適性試験などである程度は検証することが可能です。ポイントとしては、知力は現時点での水準だけでなく、「向上心」や「素直さ」とあわせて捉えていく必要があるということです。「向上心」や「素直さ」があれば、教育や職業生活における経験を通して、知力はどんどん鍛えられていく可能性があるからです。

「行動力」はその捉え方や検証がむずかしいテーマです。

経団連の提言では、「『行動力』とは、情報の収集や、交渉、調整などを通じて困難を克服しながら目標を達成する力である。自らの目標達成に向けて、周りの人々、ときには外国の人々と議論し理解してもらうためには、高いコミュニケーション能力が必要である」としています。この説明は、もちろん1つの典型例を示したものですが、参考にはなるでしょう。

企業活動では、社員の「行動力」によって付加価値が生み出されますので、その「行動力」が組織的・持続的に展開されることが競争優位性の源泉となります。したがって、「目指す顧客価値」、ビジネスモデルのなかで果たす機能・役割によって社員に要求される「行動力」の中身は具体的に定義されます。定義された「行動力」を持った人材が「人材像」の中心概念にきて、評価基準もこの「行動力」を具体的に解きほぐしたものが中心になりますが、採用にあたっても、その人材像や評価基準を当てはめてみて判断するということになります。

どのような人材を獲得していくかは、企業の意思によります。意思は言葉です。つまり、どのような人材を求めるかを言葉によって表すことがその出発点になります。そのうえで、その人材像に近いターゲットに向けて情報発信を行い、意思疎通を図っていくことになります。

求める人材像についての意思決定を行うことは、どのような経営を行うかを決めるのと同レベルの判断であり、当然リスクを伴ったものになります。採用を行うにはある種の覚悟が必要なのです。

しかし、現実の新卒採用の現場では、どの会社においても採用基準は類型的で、企業間に差がないのが実態です。これは、企業が採用にあたって必要な検討と意思決定を行っていない可能性を示すものです。応募者としては、採用選考の場で企業から伝わってくるメッセージに差を感じられないケースが多いと思われます。ここに、就活生が人気ランキング志向に陥りやすい要因の1つがあるのかもしれません。

ポスト工業社会は、不確かで変化する社会でもあるので、そこでは様々な取り組みを試行錯誤的に行っていかなければなりません。複数の目的を持って始まっている外国人留学生の採用も、期待する成果が得られるかどうかはわかりませんが、ビジョンを描き、リスクを取って実行し、もし失敗したならば取り組みを修正していけばよいのです。

採用はある種の覚悟を持って意思決定を行うことが第1のステップであり、採用の方法論は、その次の課題ということです。

第4章　よい採用のために
――若者の変化を捉える

企業の採用・人事戦略を考える場合、若者の変容に関する理解は不可欠です。どの時代でも「今時の若者は」と言われてきたのは事実ですが、ここへ来てある種の大きな変化が若者に起きているのは間違いないと思われます。中高年以上の世代は、おそらく自分たちとは違う若者の行動、日常の反応、能力の傾向などに違和感を覚え、あるいは戸惑いを感じているのではないでしょうか。

企業経営や採用活動において若者たちと向かい合うためには、若者たちの何がどのように変わってきたのかを理解しなければなりません。どんなことについても原因があって結果がありますが、原因、つまり育った前提条件が違えば、その結果である「人間のありよう」が違うのは当然です。若者を理解しようとするときに、原因となる共通的ないくつかの前提条件とそれに対応する共通的な結果を把握できれば、その本質に少しでも近づくことができると思われます。

以下、若者たちがそれ以前の世代と比べて、どこが違うのか、なぜ違うのか考えてみます。

「成長」を知らない世代

現在の20歳前後の若者は、バブル経済が崩壊した1990年代初頭前後に生まれています。日本の高度経済成長やバブル経済が終了した後に、いわゆる「失われた10年」が始まります。名目GDPで見れば、まさに「失われた20年」(図表6、75ページ)であり、今後悪くすると「失われた30年」が現実のものとなります。

こうした世の中の状況は、そこで生まれ育った人間の精神構造に大きな影響を与えます。成長しない社会、停滞した社会――我々は全体でそうしたベクトルを共有することになるからです。若者だけではありません。企業においても、成長しないあるいは変化がないという状態は、そこで働く人間の心のありようやモチベーションに大きな影響を与えます。企業の停滞感がそのまま社員のメンタリティに反映する可能性があるのです。

成長ベクトルは、一定の方向性を持った変化のエネルギーです。ベクトルの出発点は現在ですが、その先には目指す未来があります。この未来は、企業の場合は中長期ビジョンということになります。そして重要なポイントは、過去つまり歴史は、方向感覚からすると、未来から現在を逆にたどったところにあるということです。

停滞する社会というのは、将来に向けた方向性・エネルギー、つまりベクトルがなく、現在にとどまっているということであり、その場合、過去すなわち歴史が体感しにくいということになります。

極論すれば、歴史は、未来に向けたベクトルを持っている場合にのみ明確に認識されると言うことができます。もう少し掘り下げると、歴史は事実の年代別集合体としてあるのではなく、未来に向けた方向性を持つ現在において、意味のあるストーリーとして構築されるものであると言えるのです。

未来への希望を奪う「歴史感覚」の喪失

「現在の若者には歴史感覚がない」という意見をよく耳にしますが、将来に向けたベクトルを持たない社会においては、やむを得ない傾向かもしれません。では、歴史感覚を持たないことの何が問題になるのでしょうか?

歴史感覚を持たない人間は、現在の前に先人たちの生きてきた過去があり、そのうえに現在があって、それが未来の人たちにつながっていくという認識を持つことがなかなかできません。自分だけが、過去と未来とは無関係に今ここに存在する、という感覚に陥りやすいと言えます。その感覚は、偶然起こることがらを受け入れようとしない傾向性につながります。

過去からのいろいろな流れがあって、それが未来に向けて続いていくという歴史感覚があれば、自分に偶然起こることについて、あるいは予期していなかった役割を担うことなどについて、それをある種の運命として受け入れることや気持ちを切り替えて納得できる場合が多いのです。しかし歴史感覚がない場合は、自分の意に反した出来事は理不尽なことであり、どこまで行っても

図表10　過去、現在、未来の関係

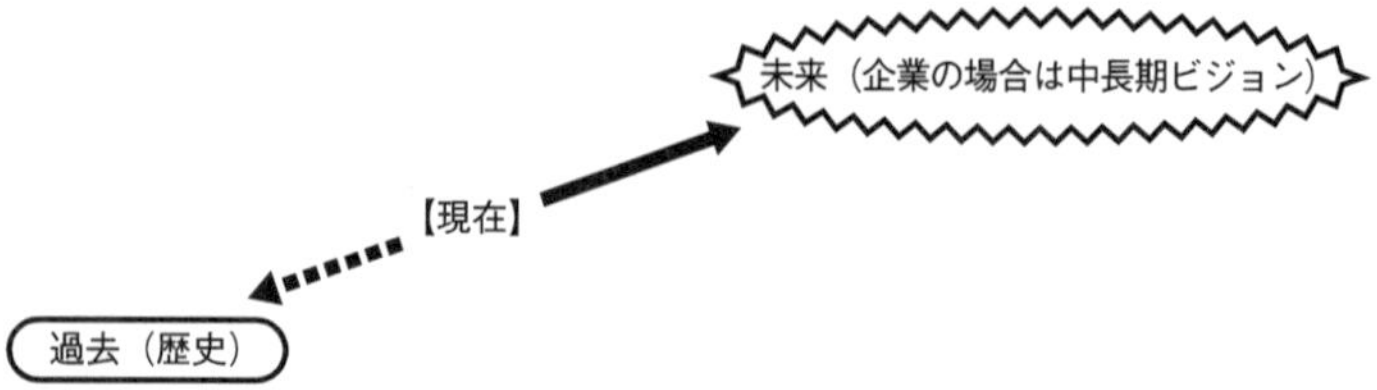

受け入れられないということになりがちです。

歴史感覚の有無については、未来を展望できない社会の側にその主な原因がありますが、歴史感覚を身につけさせるために学校の授業で歴史を教えるという短絡的な対策を施しても、残念ながら本質的な解決にはなりません。あくまでも歴史に対する感覚の問題であって、歴史についての知識の問題ではないからです。理想を言えば、将来に向けて希望の持てる方向性を示し、それに向けて社会全体のエネルギーを高めていくことが第1で、そのうえで過去や歴史について学ぶという姿勢が必要と思われます。

まずは、成長分野であるフロンティアを探すという身近な努力から始めなければなりません。これは一義的には企業や政府の責務です。

働く動機の変容――共通のモチベーションがない

現在の20代の若者は、生まれたときから物質的には十分に満たされた社会で育ってきました。そのため、経済的・物質的な充足を求める思いはそれほど強くありません。一例として、工業社会における象徴的な商品で、豊かさやある種のステータスを示す自動車に対して、あまり興味を示さなくなっているという現象があげられます。

図表11　会社の選択理由

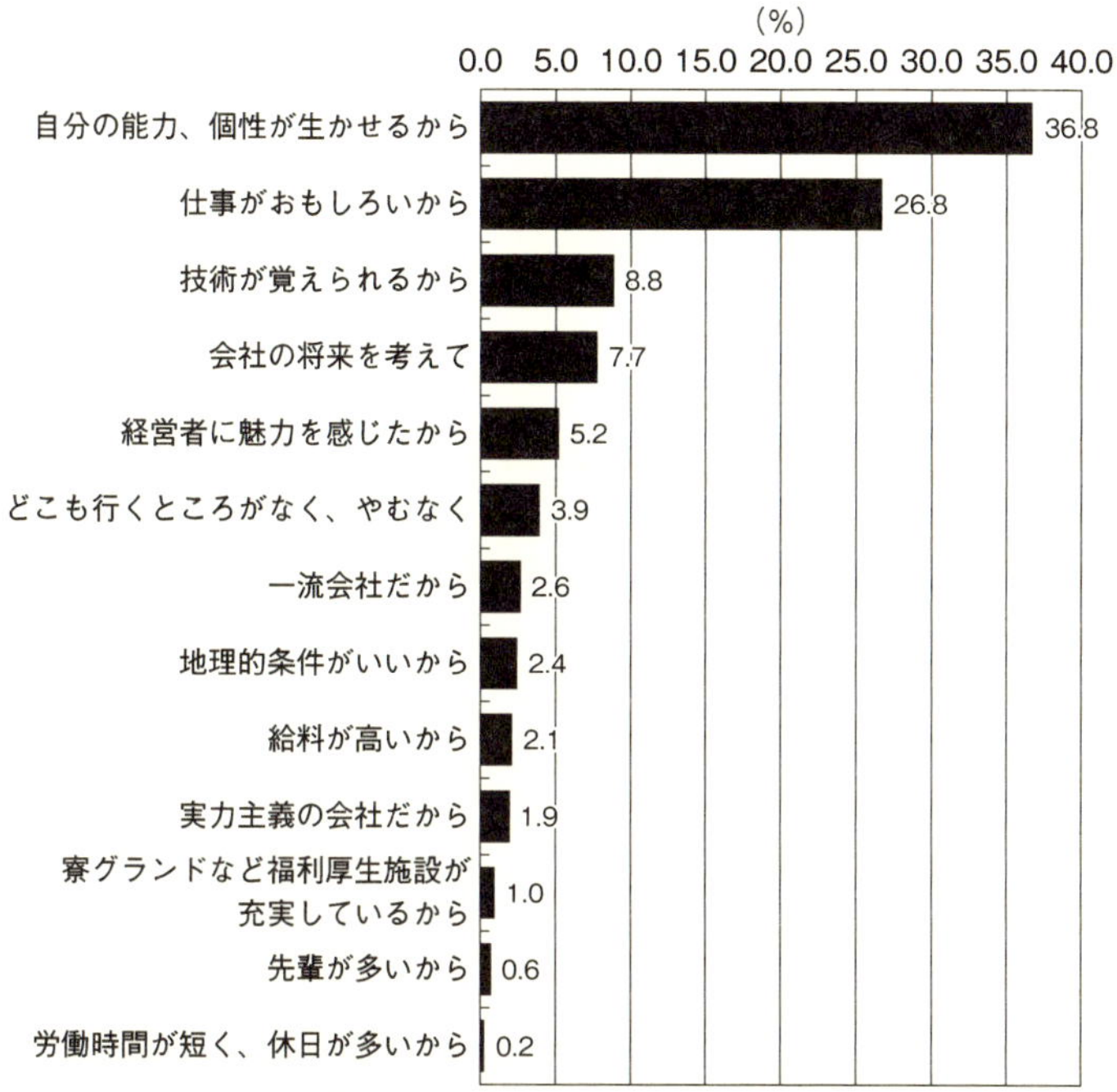

（出所）平成23年度新入社員「働くことの意識」調査結果（日本生産性本部・日本経済青年協議会公表資料）

その結果、働くことについての根源的なモチベーションの変化が若者に起きています。今の若者は、働いて豊かになりたいという昔ならば当然持っていたはずの「共通的なモチベーション」を持ち合わせていないケースが多いのです。

日本生産性本部と日本経済青年協議会が共同で行った「平成23（2011）年度新入社員の『働くことの意識』調査結果」によると、「会社を選ぶとき、あなたはどのような要因を最も重視しましたか」という質問

図表12　会社の選択理由（経年変化）

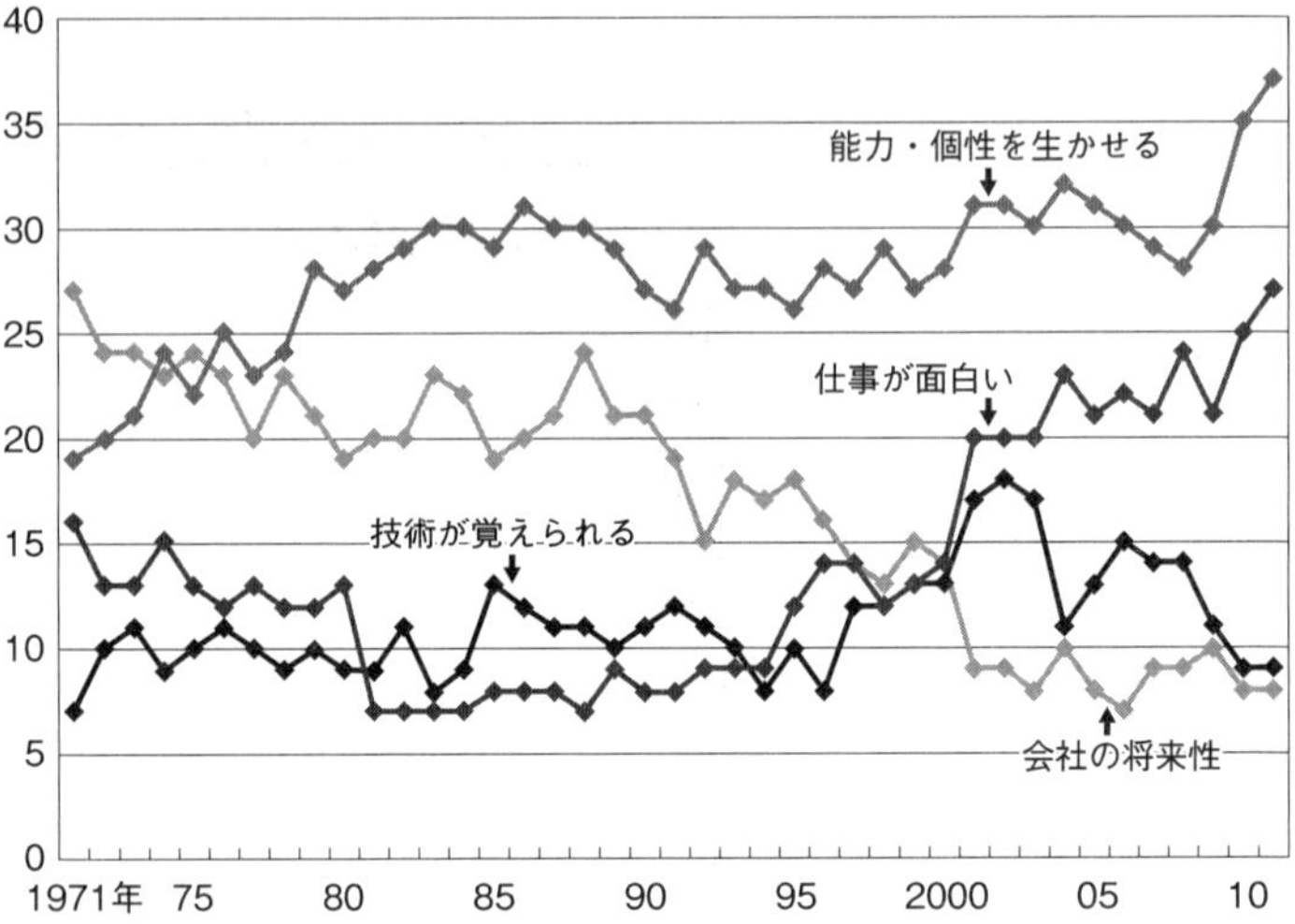

（出所）図表11と同じ。

に対して、「自分の能力、個性が活かせるから」（36・8％）、「仕事がおもしろいから」（26・8％）、「技術が覚えられるから」（8・8％）が上位を占めました。一方、「会社の将来性」（7・7％）、「経営者に魅力を感じて」（5・2％）、「一流会社だから」（2・6％）、など企業自体に関する内容は、低い割合となっています。

　上位を占めているものの内容を噛み砕くと、「自分の能力・個性が活かせること」「やりたい仕事であること」「自分の能力が向上すること」の3つに集約できますが、職業選択にあたって会社自体の内容よりも、職の内容に対する自分軸からのこだわりを優先させていることが見て取れます。

　この調査は、1969（昭和44）年から継続して実施されていますが、会社よりも職の内容にこだわる傾向は、年々強くなっています。１９７1年に選択理由のトップにあった「会社の将来性」（27％）は、２０１1年度は７・７パーセントにまで落ち込んでいます。言葉を換えれば、若者は自己実現の手段として仕事を捉えていると言うことができます。そしてこの傾向により、自分のやりたいことでない仕事を与えられたときに強い不満を持つ可能性があります。

「親密圏」を大事にし「公共圏」には無関心

子どもたちや若者のコミュニケーションのあり方が、この10数年の間に劇的に変化しました。それが、若者の行動や心のありように大きな影響を与えています。したがって、企業経営、特に採用や人事管理を行うにあたり、彼らの特性を理解しておかなければなりません。

以下、子どもたちや若者のコミュニケーションのあり方、マインドの変化等に関する優れた言説を引用し、その把握に努めたいと思います。

社会学者の土井隆義氏は、「最近の子どもたちは，親しい友達など親密圏の人間関係に異様なほど配慮し合い、その傷つきやすい人間関係をマネジメントしていくことに何よりも優先性を認め、莫大なエネルギーをそこに注ぎ込んでいる一方で、親密圏の外部、つまり公共圏にいる人間に対してはほとんど無関心となっている」としています。そして、この親密圏のなかの営みをこなすのに最も必要な能力が、コミュニケーション能力であると主張しています。

スクール・カースト（序列化されたグループの階層：筆者注）での生徒たちの序列づけも、勉強やスポーツが得意か否かによってではなく、友達と一緒にいる場を盛り上げ、その関係をうまく転がしていけるようなコミュニケーション能力の高低によって決まってきます。いまの教室は、その能力が専制力をもった空間なのです。その意味で、コミュニケーション能力こそが自己肯定感の基礎になっているともいえます。

コミュニケーションの対象とされるべき共通目標があれば、その技法が多少は下手であっても、目前の切実な必要に迫られてなんとか意思疎通を図ろうとしますから、コミュニケーション能力の有無は二の次の関心事となります。しかし現在は、人びとの関心対象が千差万別になったことで、コミュニケーションされるべき切実な話題は少なくなっているにもかかわらず、自己肯定感の基盤であるコミュニケーションの場はつねに確保され続けなければなりません。その結果、コミュニケーションの形式やその能力だけが極端にクローズアップされることになります。（「キャラ化する／される子どもたち」土井隆義著、岩波ブックレットNo.759、17〜18ページ）

今日のクラスで、カーストの違うグループとの交友関係が避けられるのも、序列化された関係をあらかじめ回避するための技法の一つといえます。そもそも現代は、ものごとの価値に絶対的な序列性がなくなった時代です。「上から目線」を嫌悪し、できれば人間関係からも序列性を排除したいのが本音でしょう。だから、どうしても上下関係になりそうな人間は、異なるカーストとして最初から圏外化してしまい、認知の対象とすらしないのです。（同、19ページ）

いったんどこかのグループに入ったら、お互いに対等でなければならないという強い規範が働いており、こうした状況のなかで発揮されるコミュニケーション能力は、それがメンバー間の対等な関係を保つことを目的としたものであることを土井氏は指摘しています。

優しさの技法——親密圏で発揮されるコミュニケーション能力

親密圏で発揮されるコミュニケーション能力は、いわゆるリーダーシップとは対極にあるものです。

現代において、コミュニケーション能力は最も重要な能力であり、第3章で、企業が採用にあたり最も重視している要素であることを述べました。ここで注意が必要なのが、企業が求めるコミュニケーション能力と子どもたちの世界で発揮されているコミュニケーション能力は、その発揮の目的が違うということです。

企業が重視するコミュニケーション能力は、一定の結果を出すことを目的として様々な立場の人々と意思疎通を図り、一致できない点があった場合にも何らかの解決を図っていく能力です。一方、子どもたちの世界のコミュニケーション能力は、結果を出したり対立点を解消したりすることが目的ではなく、組織内でメンバー間の均衡を図っていくための能力なのです。

> 若者のあいだでは、お互いの対立点や相違点に眼をこらして解決をめざすというよりも、対立そのものをなかったことにしてしまう「優しさの技法」がいろいろと編み出されています。「とりあえず食事とかする?」「ワタシ的にはこれに決めた、みたいな」などといった断定を避ける「ぼかし表現」も、そのテクニックの一つです。彼らは、日常生活のなかで他人との対立を避けるためにこれらの表現を多用します。自らの発言をぼかすことで対立点を見えなくし、相手との微妙な距離を保とうとするのです。相手の立場や意見をおもんぱかって謙っているわけではありません。だから、敬語はほとんど使用されないのに、「ぼかし表現」は駆使されるのです。(「『個性』を煽られる子どもたち」土井隆義著、岩波ブックレット№.633、17~18ページ)

企業が重視するコミュニケーション能力と、子どもたちの間で発達しているコミュニケーション能力は、明らかに種類が違うものです。

子どもたちの間で発達しているコミュニケーション能力に類似するものとして、究極的な姿として現れているのが、お笑い芸人のコミュニケーション能力です。お笑い芸人の存在感は非常に大きく、テレビ番組の何割かはお笑い芸人なくしては成り立ちません。バラエティ番組だけでなく、時事的なテーマの番組においてすら、彼らは存在感を発揮しています。

若者・子どもたちは、お笑い芸人を非常に好み、深く感情移入しているように見えます。そして、お笑い芸人の思考パターン、会話のパターンは、若者・子どもたちの間にも浸透しています。

お笑い芸人は、当然のことながら、何かを成し遂げるものではありません。議論を一定の方向に導いて結論を出したり、問題解決したりするわけではありません。さらには、何か新しい価値を生み出すものでもありません。

ボケやツッコミを駆使しながら、その場を盛り上げ、際どいところに持っていきながら、決してその場の誰かを本質的なところで傷つけたりすることはありません。「空気を読み」、ぎりぎりのところまで踏み込んで場を盛り上げていきます。これこそ、まさに若者・子どもたちの親密圏において行われているコミュニケーションの理想型と言えるものです。

親密圏と自己肯定感

そして、対等なメンバーで構成される親密圏は、自己の成り立ち・生存の根源的な部分にも影響を与えています。

最近の子どもたちは、自らの生理的な感覚や内発的な衝動を重視するため、自己肯定感に持続的な安定性を見出すことが困難になっています。社会的な根拠によって支えられた肯定感ではないので、あいまいな気分や雰囲気によって容易に揺れ動いてしまうのです。したがって、彼らは、この不確かな自己肯定感を支えるために、身近な他者からの強力なサポートを必要とするようになっています。親密圏内の他者から自己承認を絶えず与えてもらうことによってしか、自己肯定感の安定性を保つことができなくなっているのです。

「自分らしさ」の確信を得ることができるのは、たとえ錯覚かもしれないにしても、身近な他者からの自己承認によってのみです。自らの主観的な思い込みを正当化する道は、もはやそこにしか残されていません。他者からの承認という具体的な保証に頼ることによってしか、危うい自己肯定感に客観的な色彩を添える術はありません。それは、まったく皮肉なことですが、社会化に対してリアリティを見失い、まなざしを内閉化させていった結果なのです。社会的な根拠を見失ってしまったことの必然の帰結なのです。(同前、46〜47ページ)

今の若者は、「社会化に対するリアリティ」を失い、「まなざしを内閉化」した結果、自己の肯定感がきわめて不安定になっています。また、自己の肯定感を親密圏の他者からの承認によって担保しているため、それがなくなったときに、大きな不安感にさいなまれることになります。

自分らしさへのこだわり

最近の若者のひとつの傾向として、「自分らしさ」に異様なこだわりを見せ、その根拠として自分の身体的な感覚を重視するということが指摘されています。

彼らは、自らの身体的な感覚をきわめて重視し、心や感情の動きといったものも、その身体感覚と同質なものとして捉える傾向を強めています。そして、「個性的な自分」の根拠も、そこに見出そうと躍起になっています。だから、彼らの個性志向は内閉的に進んでいくことになるのです。

したがって、学校の授業がよく分からなくて退屈だと感じるなら、じっと我慢をして席に座った生徒を演じ続けるよりも、教室をうろついたりお喋りをしたりしたほうが、よほど自分らしいふるまいだということになるのでしょう。（中略）

彼らは、自分自身でさえもいかんともしがたいような、すなわち自分の意思では統御されえないような、自己の深淵からふつふつと沸き上がってくる自然な感情のあり方こそ、自分の本当の「キャラ」だと感じています。彼らの絶対的な価値は、そこに置かれています。だから、その感情をそのまま放出することこそ、本来の「自分らしさ」の最高の発露だということになるのです。

ところが、言葉によって構築された思想や心情が時間をこえて安定的に継続しうるのに対して、自らの生理的な感覚や内発的な衝動に依拠した直感は、「いま」のこの一瞬にしか成立しえない刹那的なものであり、状況次第でいかようにも変化しうるものです。したがって、その直感に依存した自己は、その持続性と統合性を維持することが困難になります。（同前、32〜33ページ）

土井氏は、若者・子どもたちは「自分らしさ」に強くこだわる一方で、持って生まれた「本当の自分」を、社会生活のなかで変化することのない生来的で固定的なものとして捉える傾向があるとしています。

また、教育社会学者の苅谷剛彦氏の調査を引用し、若者・子どもたちの間に新たな宿命主義が拡がっていることを示しています。

この調査（苅谷剛彦氏の調査：筆者注）によると、90年代以降の学校では、「がんばれば必ず成功する」という生徒と、「何をやっても無駄だ」という生徒のあいだで、意欲の二極化も進んでいます。インセンティブ・デバイド（意欲の格差）と呼ばれるこの両極化の傾向は、「生まれもった素質によって人生は決まる」という感覚の広まりを示唆しているように思われます。ある生徒たちは、必ず成功する運命にあると確信しているからこそ努力もできるのでしょうし、別の生徒たちは、必ず失敗する運命にあると確信してしまうために最初から諦めているのではないでしょうか。人生の行方はあらかじめ定まっていると考えている点では、どちらも同じ心性の持ち主のように思われるのです。（「キャラ化する／される子どもたち」34ページ）

他責思考――仮想的有能感を持つ

自己肯定感が不安定な若者が多い一方で、根拠なく他者を蔑視することで有能感、自己肯定感を得ている若者もいます。この自己肯定感を教育心理学者の速水敏彦氏は、「仮想的有能感」と呼んでいます。実際に企業の人事担当者に聞くと、客観的には能力が低いと思われるのに、自己評価が異常に高い若い社員がいて、扱いに困るということがあります。

彼らは、勝手に他者の能力を軽視することで、偽りのプライド、すなわち仮想的有能感を抱いて行動するのである。これは彼らの中に無意識的に生じる自己防衛的機制とも考えられる。（中略）個人的経験や社会・文化的要因によって、本人にもあまり意識されない形で仮想的有能感が形成されると、対人場面などで他者軽視という態度や行動として表面化する。そして、人をバカにした態度や行動をとることによって、「自分は有能だ」という仮想的有能感が強化される。このような繰り返しの中で、仮想的有能感が一層強固なものになってい

く。（『他人を見下す若者たち』速水敏彦著、講談社現代新書、118〜119ページ）

類は友を呼ぶということもあり、こうした傾向性を持った人間が親密圏を構成し、他者・他グループを蔑視することで集団として「仮想的有能感」を高めていくということが考えられます。若者のグループが問題行動を起こしたり、極端なケースでは犯罪行為を繰り返したりするということがあります。ごく普通に見える少年のグループが、ホームレス襲撃を繰り返すなどの事件もこの傾向にあると言えます。

また、「仮想的有能感」の高い人間は、自分の悪いところを認めたがらないという傾向があります。この点について、速水氏は次のように記述しています。

> 仮想的有能感の高い人は、何よりも自分が弱い存在だと思われたくない。例えば、学業成績が悪い、運動競技に負けたという現実があっても、率直に自分の能力や努力の足りなさを認めるというよりは、先生の指導が悪かったとか、競技場のコンディションが悪かったと自分以外の要因に帰し、自己責任を回避するものと考えられる。（同前、186ページ）

これは、いわゆる「他責思考」です。結果が悪いことをすべて他者の責任にすり替えていきます。企業においては、他責思考の社員は、自己評価が高く、うまくいかないことは上司、同僚、部下など他者の責任と考える傾向を持ちます。

二極化するコミュニケーションと「本当の自分」

社会と、若者・子どもたちの間のコミュニケーション空間が劇的に変化していることも重要なポイントです。かつては、公共圏を通過しなければ到達できなかった相手に対して、ケータイを経由して、瞬時にアクセスすることができます。また、図書館に行かなくても、人に聞かなくても、たいていの情報はネット空間上に存在します。つまり現代は、公共圏を通らなくてもどこへでも行けるのです。

現在のようなネット環境がととのう以前、時間と空間を隔てた相手とコミュニケーションをとるための手段は限られていました。意中の相手とつながりあうためには、自分にとって不都合な人間とのコミュニケーションも途中で経由しなければなりませんでした。かつて、年頃の男の子の多くは、ガールフレンドの自宅へ電話をかけるとき、「あの厳格な父親が出たらどうしよう」と緊張しながらダイヤルを回したものです。じつは私自身もそうでした。自分にとって心地よい人間関係を築くためには、同時に不都合な人間とも否応なく付きあわざるをえなかったのです。（中略）広大なネット空間へ開かれたケータイの小さな窓を覗き込むことで、面倒で不都合な人間とはいっさい触れあうことなく、自分にとって心地よい相手だけと、即座に人間関係を築くことができるようになっているのです。（「キャラ化する／される子どもたち」土井隆義著、54〜55ページ）

公共圏、つまり社会の持つ存在感・インパクトが若者・子どもたちにとって低下しています。同様の効果をもたらす現象を、若干ステレオタイプ化してみると、以下のような姿が浮かびあがってきます。

サービス経済化が進んだ社会のなかで、子どもたちは、物心ついたときから「顧客」として丁寧に扱われること、モンスターペアレントなどの影響もあって学校の教師からの圧力も小さいこと、地域コミュニティにおいて、近所のおじさん・おばさんから叱られることはなく、会話すらほとんどないことなどです。

一方で、親子関係も総じてフラットなものに変わってきていますので、多くの子どもたちにとって、自分自身に対するインパクト、脅威として存在するのは、親密圏・友だち関係における「いじめ」や「疎外」などの現象に限られるのではないかと考えられます。

ただし、この「いじめ」や「疎外」の痛みは、子どもたちにとって苛烈なものであることを忘れてはいけません。子どもたちの親密圏は、多くの場合、それ以外の世界が存在しない一種の小宇宙であり、そこからは逃れようがないからです。そこからの離脱は、しばしば「ひきこもり」の形を取ります。

学生時代における社会との関わりという点でも、変化があります。多くの学生がアルバイトを行いますが、コンビニ店員、ファストフード店員、家庭教師、塾講師など学生アルバイトの代表的な職種では、比較的標準化されたマニュアルがあってそれを実行していくことが多いため、アルバイト経験の実態がマニュアル遂行経験となっている可能性があります。社会経験を通じて得る「辛さ」「痛み」「他者との交流」などは必ずしも多く存在せず、アルバイトを数多く経験したとしても、必ずしも豊富な社会経験を積んだことにはならないと言えます。

簡単に言うと、最近の若者は、痛みを伴う社会経験をほとんど積んでいないのです。社会で働くということは、当然に様々な痛みを伴うものです。最近の若者は、そうした経験がゼロに近く、入社後の痛みを伴う経験に対して耐性があまりないことを前提に考える必要があります。

若者・子どもたちのコミュニケーション、心のありように関する特徴をまとめると、以下のようになります。

①　人間関係をごく狭い範囲の親密圏とそれ以外の公共圏に分け、親密圏の人間関係を維持するコミュニケーションには大きなエネルギーを注ぐ一方で、公共圏に対してはまったく無関心であたかも他者が存在しないかのように振る舞う。

②　価値観が多様化するなかで、コミュニケーション能力が人間の序列を決め、それは同時に自己肯定感の基盤となる。

③ グループ内では、対等の関係性が求められ、「上から目線」は嫌悪される。そこで求められるものは、「空気を読んで」、メンバー間の均衡や微妙な距離感を保つことを可能とするコミュニケーション能力である。

④ 内閉化した若者・子どもたちは、社会的な根拠のない不安定な自己肯定感を持続させるために、親密圏の他者から絶えず自己承認を与えてもらう必要がある。そのためにも、親密圏における絶えざるコミュニケーションが必要となる。

⑤ 内閉化した若者・子どもたちは、「自分らしさ」「個性的な自分」に異様なこだわりを持つが、その根拠を社会的な説明や言葉に求めず、自らの身体的な感覚に見出そうとするため、刹那的で一貫性のない行動を取りがちである。

⑥ 若者・子どもたちの間に、持って生まれた「本当の自分」は固定的で変化しないと捉えるある種の宿命主義が拡がっている。宿命の捉え方により、「がんばれば成功する」と考える層と、「何をやっても無駄だ」と考える層に二極化する傾向にある。

⑦ 根拠なく他者を蔑視することで有能感、自己肯定感を得ているタイプが存在する。そうした「仮想的有能感」を持つ人間は、結果が悪かったことの原因を自分に求めず、他者の責任にする「他責思考」の持ち主であることが多い。

⑧ 社会との関係性が薄く、痛みを伴う社会経験をしていないことがほとんどで、社会に出たあとの辛い経験に対する耐性がないことが多い。

第5章 「キャリア教育」の弊害と就活・新卒採用の現場

強制する「職業観」の弊害

国が進めるキャリア教育は、若者の職業観に少なからぬ影響を与えていると考えられます。社会学者の本田由紀氏は、その著書『教育の職業的意義』（筑摩書房）のなかで、国が進めるキャリア教育について次のような重要な分析を行っています。

キャリア教育という言葉が、国の審議会に登場したのは1999年です。「小学校段階から発達段階に応じてキャリア教育を実施する必要がある」ことが提言され、その定義は、「望ましい職業観・勤労観及び職業に関する知識や技能を身につけさせるとともに、自己の個性を理解し、主体的に進路を選択する能力・態度を育てる教育」というものでした。

2004年には、キャリア教育は、「児童生徒一人一人のキャリア発達を支援し、それぞれにふさわしいキャリアを形成していくために必要な意欲・態度や能力を育てる教育」といったん定義されたうえで、「端的に言えば、『児童生徒一人一人の勤労観・職業観を育てる教育』である」

と言い換えられています。政策定義における「キャリア教育」の中核にあるのは「勤労観・職業観」つまり職業意識の形成であり、そうした定義は後になるほど明確になってきています。同時に、政策が掲げる「キャリア教育」は、「意識」だけでなく「能力」をその守備範囲に含み、キャリア発達に関わる能力として、「人間関係形成能力」「情報活用能力」「意思決定能力」「将来設計能力」の4つをあげています（『教育の職業的意義』、135〜138ページより抜粋引用）。

同書で、本田由紀氏は、リクルートが全国の高校の進路指導主事を対象として2008年に実施した調査の結果について、以下のように記述しています。

> この調査（リクルートが実施した調査：筆者注）でもうひとつ注目すべきは、進路指導で生徒に伝えていることとして、回答者の98・8％までが「将来のことや職業のことを考えなさい」ということをあげており、「自分のやりたいことや向いていることを探しなさい」「自分の進路なのだから自分の責任で決めなさい」もそれぞれ95・8％と85・7％に上っているということである。
>
> この調査結果から見る限り、少なくとも高校段階においては、「キャリア教育」は「自分の将来や、やりたいことを考えて、自分で決めなさい」といった規範や圧力という形で、もっとも浸透していることがうかがえる（『教育の職業的意義』147ページ）。

そして、本田由紀氏は「キャリア教育」について、以下のように総括しています。

> 「キャリア教育」はその対象となる若者の「勤労観・職業観」や「汎用的・基礎的能力」を高めるという政策的意図に沿った結果をもたらすよりも、そうしたプレッシャーのみを強めることによって、むしろ若者の不安や混乱を増大させてきた可能性が強いということである。望ましい「勤労観・職業観」や「汎用的・基礎的能力」の方向性は掲げながらも、それを実現する手段を具体的に提供することなく、結局は「自分で考えて自分で決めよ」と、進路に関する責任を若者自身に投げ出すことに終わっているのが現在の「キャリア教育」なのではないか（同書、155〜156ページ）。

「勤労観・職業観を育てる」とは、言葉としてはわかりやすく正しく響きますが、現実論としてあまり実感がわきません。自分の働き方や、どんな職業を選択するかを徐々に決めていくということでしょうが、学校の先生に言われて、そうなっていくものでもないように思います。

自分の職業は、もちろん最終的には自分で考えて自分で決めるということなのですが、社会の実態や「働くことのリアリティ」とも言うべき現実を理解していない段階で職業を決めようとすると、非常に偏った選択が生まれます。

現実から遊離する「キャリア教育」

第一生命が、2010年に未就学児と小学生を対象に行った「大人になったらなりたいもの」のアンケート調査によると、男子の第1位はサッカー選手、第2位は野球選手、第3位は学者・博士で、女子は、第1位が食べ物屋さん、第2位が保育園・幼稚園の先生、第3位が学校の先生（習いごとの先生）でした。この調査は1989年から毎年実施されていますが、女子の第1位の食べ物屋さんは14年連続トップを守っています。

特に男子については、この時点での夢を将来実現させる子はごくわずかです。子どもたちも、社会を知り、自分自身を客観的に見るようになるにつれ、現実的な選択を行うようになります。しかし、それを再び「大人になったらなりたいもの」に引き戻すような作用を及ぼしているのが、現在のキャリア教育であると考えられます。

教育社会学者の荒川葉氏は、その著書『「夢追い」型進路形成の功罪――高校改革の社会学』（東信堂）でキャリア教育が若者にもたらす影響と危険性について述べています。

荒川氏は、高校教育改革が進むなかで、学歴レベルの上位校では、上位大学を目指す従来型の方向性が堅持される一方で、中・下位高校では生徒の「興味・関心」「将来の夢」を尊重する「夢追い型」進路選択を促進し、従来型の受験対策や「よい就職先」を目指す積極的な活動に生徒を引き戻すことをしないケースが見られるとしています。

同氏は、生徒が将来就きたがる職業をASUC職業と呼んでいます。それは、人気が高く

(Attractive)、希少で (Scare)、学歴不問の (UnCredentialized) 職業ということです。具体的には、各種デザイナー、ファッションコーディネーター、ミュージシャン、歌手、シンガーソングライター、作家、脚本家、漫画家、プロスポーツ選手、メイクアップアーティスト、ゲームプログラマー、カメラマン、トリマー、動物園の飼育係などです。

これらの職業は、なりたい人は非常に多いのですが、実際にその職に就ける人はごくわずかです。ほとんどの人は、こうした職業には就けないと言っても過言ではありません。そして、基本的には学歴不問で国家資格等も必要としないので、実際にその職に就けなかった場合は、「結果として行き着く先は、周辺職業かフリーター、ニート」になる可能性が高いとしています。

一方で、中位クラス以上の高校では、その指導の実態として、ライフプランを考える必要性を言いながら、大学に行ってから考えることを勧めている、以下のような説明の実態も紹介しています。

> こらからライフプランを考えてもらうが、すぐに決められる事ではない。それならとりあえず無難な科目選択・進路選択（特に社会経済系列で大学進学）をして、将来のことは大学で考えるのが良いのではないか（『「夢追い」型進路形成の功罪――高校改革の社会学』１３１ページ）。

日本のキャリア教育は、現実から遊離した若者の勤労観・職業観を、現実に引き戻すのではなく、さらに離れる方向に――「夢追い型」に――力を及ぼしている可能性があります。

一方で、そうなっていないケースでは、「迷ったら社会経済」として無難に4年制大学への進学を勧め、大学に行ってからいろいろと考えたらいいではないかという結論の先送りを勧めている姿もあります。ＡＳＵＣ職業を志向する「夢追い型」の進路選択に対し、「先送り型」の進路選択と言うことができます。

職業を選択し働き始めるということは、まさに社会のただなかに飛び込んでいくということです。それに向けての準備が、教育の過程そのものであると言えます。学校教育を通して、社会の成り立ちについての原理原則を学び、あわせて社会のリアリティの一端に触れていくことが必要です。もちろん、子どもたちは学校教育の場だけでなく、家庭、友人関係、コミュニティなどを通しても社会のリアリティに触れていくことになります。

しかし、今の社会ではその現実、リアリティあるいは社会の深淵とも言うべき部分から逆に子どもたちを遠ざける作用が働いていると言わざるを得ません。社会は、個人にいろいろな商品・サービス、楽しみ、福祉など、様々な恩恵をもたらす一方で、ときには厳しさ、理不尽さ、痛みをもたらします。そのような個人にとってのマイナスの作用は、社会のある種の本質の表れであると言えますが、子どもたちに対して社会がそうした厳しい姿を見せる「真実の瞬間」が減りつつあるように思います。

サービス経済化が進むなかで、子どもたちは生まれたときからサービスを受ける「顧客」として扱われます。

コミュニティにおいても、近所のおじさん、おばさんから叱られることはなく、「叱れないよその子ども」として相当の距離感を持って扱われます。学校の先生も、体罰はもちろんのこと、親からのクレームを恐れて、子どもに強く接することができません。ここでも子どもが「顧客化」している実態があります。

家庭はどうでしょうか。かつては、家族のなかでは父親が権力を持ち、ときに理不尽な存在として社会の姿を体現していました。つまり家庭のなかにも「社会のリアリティ」が一部存在していました。しかし、現代の親子関係は大きく変容しています。

> 子どもと対等な関係を築きたいという物分かりのよさそうな親たちの態度は、じつは子どもに対して自己承認を求める依存的な心性の裏返しといえるのではないでしょうか。（『キャラ化する／される子どもたち』土井隆義著、岩波ブックレットNo.７５９、39ページ）

働くことの現実の姿は、社会のリアリティのなかでも最も本質的な部分ですが、その姿も子どもたちの眼からは遠いところにあります。

第１次産業は、本来生活に最も近いところにある産業ですが、減少の一途をたどってきました。そして第２次産業も減少し、主流は第３次産業になってきています。子どもたちは、自分が顧客として扱われる一部の接客サービスの局面では大人たちが働く姿に触れることができますが、その姿は、産業全体のごく一部にすぎません。

家業が減少し、家事労働も変容しています。子どもたちが、「手伝い」という形で労働に参画する機会も激減していると考えられます。

進学による意思決定の先送り

進学率が上昇の一途をたどっています。

２０１０年３月の高等学校卒業者約１０７万人のうち、大学・短期大学等へ入学したものが約58万人で、54・３パーセントを占めます。これに専修学校等、公共職業能力開発施設等の進学者、入学者を加えると合計で約83万人となり、高等学校卒業者の77・３パーセントを占めることになります。

つまり、高校卒業者のうち、８割近くが大学や専門学校などに「進学」しています。「大部分の高校生は就職せずに進学する」と言っても過言ではないのです。

一方、大学への入学者（２０１０年4月1日現在で集計）の選抜方法を見ると、一般入試で入学した者が55・２パーセント、推薦入試35・４パーセント、ＡＯ（アドミッション・オフィス）入試８・８パーセント、その他０・６パーセントとなっています。つまり、一般入試で入学する者は全体の半分強にすぎないということです。これを私立大学に限って見ると、一般入試で入学

図表13 高等学校の卒業者数、進学率、就職率の推移

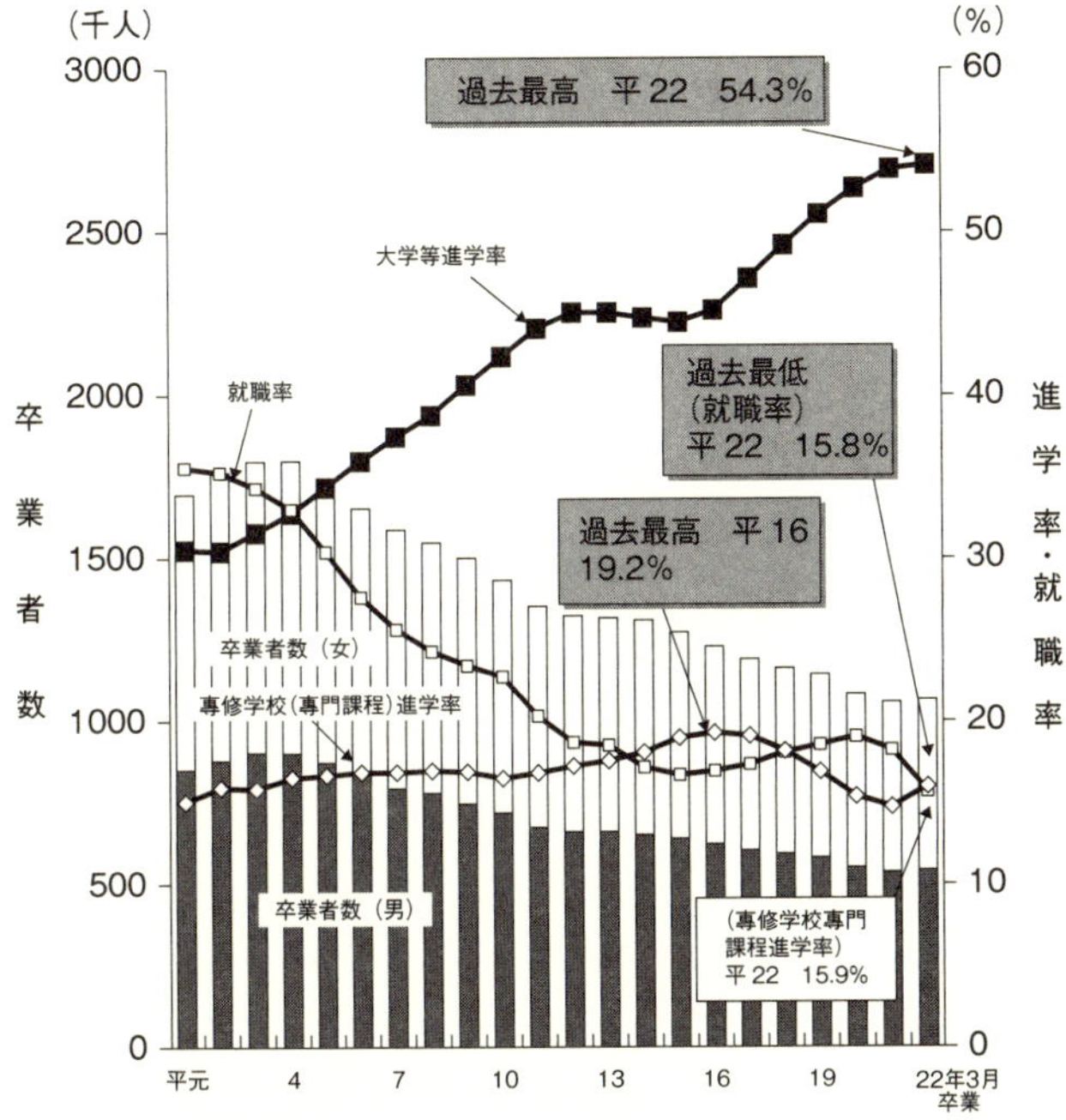

(出所)学校基本調査平成22年度結果(文部科学省公表資料)より

するものは48・1パーセントとなり、つまり半分以下になります(データは文部科学省公表資料より)。

そもそも大学への入学希望者総数が入学定員総数を下回る状態にあると言われている現状では、どの大学かにこだわらなければ、大した準備をしなくても「進学」自体は何とかなってしまいます。準備をしっかりとして入試の壁を突破するケースは、ほんの一部であるということです。

実際に、「就職難だから大学進学に切り替えた」「就職が決まらなかったから急遽専

門学校に行くことにした」という話をよく耳にします。覚悟と準備があっての進学ではなく、準備しなくても受け入れてくれる大学や専門学校に取りあえず入っておく「先送り型」進学が増えていると考えられます。

しばらく前までは、高校を出て就職する人間の割合が進学する割合を上回っていて、進学する自分の周りの友人の多くは就職するという状況がありました。そして、大学に進学すると決めるということは、基本的には試験勉強をして運よく合格すればその年に入学し、そうでなければ浪人するか、場合によっては進学をあきらめるということでした。

そうした時代には、就職する人間、進学する人間の間で「あなたはそっちの道、わたしはこっちの道」と別々の道を行く「別れ」があったのです。つまり、進学するにしても、その時点で「職業を決める」「社会に出て行く」ということに対してある種の実感が生まれる余地があったのではないでしょうか。しかし、今の進学状況からはそうした感覚は生まれにくいと考えられます。

キャリア教育においては、「勤労観・職業観」を構築しなさい、自分で決めなさいという指導がなされています。しかし人間は、大切なことであればあるほど、決める必要性に迫られるまで決断はできないものです。

「自分で考えて自分で決めよ」とされた高校生の大部分は、働くことについての実感を持つ機会がないままに大学等に進んでいきます。しかし、やがて否応なくその決断をすべき時期が来ます。通常、それは大学3年生のある時点です。就職活動つまり「就活」を行うにあたり、学生は

「自分で考えて自分で決める」必要性に迫られることになるのです。

「キャリア教育」の基本になるべき「社会」の体験

かつては就職活動においても、熱心な企業研究などすることなく、何となく訪問した会社にそのまま決めてしまうというパターンが多かったように思います。現在、いろいろな分野で活躍している人も、その人が社会に出たきっかけを見れば、大した話は出てきません。

「たまたま会社訪問してみたら、感じがよくてそこに決めてしまった」

「内定が出たのが1社だけで、他に行くところがなかった」

「友人に誘われて応募したところ、友人は落ちて自分が合格した」

そんな話が多いのです。キャリア設計をして、やりたいことを考え抜いたあげくに選んだ道であると言える人は、それほど多くはないと想像します。

この点、現在は就職難ということもありましょうが、内定が出たあとでも、少しでもよい会社、少しでも自分に合った会社を求めて際限なく活動を行うケースもめずらしくありません。であればこそ、キャリア教育においては、「社会から役割を与えられる」ことがあり、それを素直に受け入れることも有力な選択肢であるということに気づかせる工夫をすべきなのです。

「社会から役割が与えられる」という概念は、社会的に成功している人がよく口にするものです。演劇の世界でも、役者が自分の意思だけで自分の役柄を決めることはできません。配役は基本的には与えられるものです。職業を決める、働く場を決めるということにおいては、自分のやりたいこと、目指すものを実現すべく最大限努力をするのは当然ですが、最終的なキャスティングは基本的に社会の側が行うものであるはずです。

すでに述べたように、社会の深いところにある現実や働く実態からは遠いところにいる今の子どもたちに、教育の場において社会の現実を実体験させることが必要です。現実を直視し、それを体感することがあって、そのうえで「やりたいこと」「なりたいもの」がわき上がってくるとしたら、それは根拠のある「夢」になります。それが「キャリア教育」の基本になるものだと思います。ただし、現実を体験するというのは、単に職場体験、インターンシップを行えばいいという問題ではありません。「顧客」としての表層的な体験ではなく、真実に近い、深いところを「一個の素《す》の存在」として体験することこそ重要なのです。「一個の素の存在」として社会の現実を実体験したときに、やりたいこと、やり得ること、社会における自分の役割といったものが浮かび上がってくるのです。

小さな真実の積み重ねの大切さ

社会の現実を実体験するということは、必ずしも大げさなものである必要はなく、日常的な場面における「小さな体験」がその機能を果たします。親の仕事を手伝う（それができる環境はきわめて少ないですが）、家事の一部を責任を持って担当する、といったことです。また、それは必ずしも職業体験である必要もないので、機会はあらゆるところにあります。

進学で有名な灘中学・灘高校で、かつて国語教師橋本武氏による名物授業がありました。教科書を一切使わず、一冊の薄い文庫本『銀の匙』を中学の３年間をかけて読んでいくというものでした。橋本武氏のこの授業は、１９５０（昭和25）年から実に30年間続けられました。

> 登場人物の見聞や感情を追体験していき、一言一句を丁寧に読み解き、そこから膨らませていく授業は、生徒の興味でどこまでも横道にそれていき、２週間で１ページしか進まないなんてことは日常茶飯事。しかし、その教室には、生徒たちのほとばしる探求心と、きらきらした好奇心が、絶えず満ちあふれていた。（『奇跡の教室』伊藤氏貴著、小学館、３〜４ページ）

授業中、『銀の匙』で菓子を食べる場面があると、橋本武氏が用意した駄菓子を生徒皆で食べてみるということをします。

> そうやって主人公の見聞や感情を追体験していくというのが、私（橋本武氏：筆者注）の授業のひとつの柱だったんです（同書、21ページ）

橋本武氏は、国語力とは、観察力、判断力、推理力などの土台になるものであり、「生きる力」と置き換えてもいいと断言しています。その国語力は、優れた作品を徹底的に精読することで養われていくというのです。

ここで重要なことは、優れた作品の「ディテール」に真実があり、そのディテールを味わい体験していくことが、現実を理解し、国語力ひいては生きる力を養う近道になるということです。「神は細部に宿る」という言葉がありますが、大げさな理論や主義主張に幻惑されるのではなく、小さな真実を体験することこそ、「職業教育」にとっても生きる力を養ううえでも、意味があるということを認識する必要があります。

一流の画家は、優れたデッサン力を持っています。もちろん才能の助けもありましょうが、小さい頃から静物など「世界の一部」を繰り返し描写した結果であると思われます。一流のサッカー選手は、子どもの頃に毎日毎日、繰り返しボールを蹴って遊び、技術を身につけることに熱中した経験を持っています。

画家にしてもサッカー選手にしても、ほとんどの場合、絵画理論、サッカー理論を学んでからそれを始めたわけではありません。実際に手や足を動かす小さな体験から始まり、技術、方法を身につけていき、その後にその人なりの絵画観やサッカー観を築き上げていくという順番になります。

体験を通じて修得したデッサン力やサッカーボールを扱う技術は、その人が世界に対峙するための拠りどころとなります。つまり、生きる力になり得るのです。社会のある分野で生きていくということは、広い意味で何らかの職業を選択するということですが、それは何らかの技術を身につけることと同義です。その技術をもって、世界に働きかけを行い、価値のあるアウトプットを生み出していくのです。

職業に関連する技術には汎用性の高いものと、特殊なものがあります。サッカー技術などの特殊な技術については、それが直接生かされるのは、プロサッカー選手やサッカー指導者などに限られますが、一方、汎用性の高い技術は、幅広い分野で生かされます。『銀の匙』の精読で養われた観察力、判断力、推理力などの土台となる国語力は、様々な職業で生かされていくものです。重要なことは、一定レベル以上の何らかの技術を習得しなければ、職業を選んでその役割を遂行していくことができないということを早い段階で子どもたちに理解させることです。

特別なキャリア教育は不要

特別のキャリア教育でなくても、学校において「本物の」授業が行われれば、汎用性の高い職業技術は身につくということを忘れてはなりません。国語力もそうですし、今や必須とされる英語力でも同じことが言えます。

大学卒業までおよそ10年間も英語を勉強して、多くの人が簡単な会話すらできないという日本の英語教育は、社会に深刻な損失をもたらしています。その要因は、カリキュラムや教材の内容だけでなく、教師の資質にもあると思われます。それは発音の良し悪しなどではなく、その教師が、英語で意思疎通を図ることについての必要性とマインドを持っているかどうかの問題です。社会で必要とされるのは、コミュニケーションの道具としての英語です。働く場で英語を使うというのは、意思疎通のために英語という道具を使って格闘することを意味します。英語で意思疎通を図ることについての必要性やマインドを持たない教師が何年教えようと、子どもたちにそうした技術が身につくとは思えません。

同じことが、職業教育についても言えます。職業教育で重要なことは、様々な職種について、働くことの現実や実態、ディテール、ニュアンスなどをできる限り伝えていくことです。ほとんどの教師は、教師以外の職業に就いたことがないので、実体験として伝えることはできないわけですが、少なくとも「そうしたことを伝えようとするマインド」を持たなければなりません。できれば実体験がせめて1つはあって、その経験が核となって様々な職業について考えていくというアプローチが望まれるところです。そのように考えると、職業教育は教師が対応するにしても、可能な限り他の職業経験を積んだことのある人間が担当すべきと考えます。

就活市場における企業の序列化

さて、就活市場では、企業はその人気度合いによって序列化されています。

これは、大学が入試の難易度によってランキングされているのと同様です。違うのは、大学の難易度が偏差値によって数値化されているのに対して、当然のことながら、就活市場における企業の入社難易度は、ごく一部の表層的な人気ランキングを除き数値化されていないということです。

大学入試では、受験生の側も模擬試験等により序列、つまり受験生のなかでの順位がはっきりしているので、合格可能性をある程度推し量ることができます。したがって、多少の冒険はすることがあっても、明らかに無理なところは受験しないという秩序が生まれるため、人気大学であっても異常に高い競争倍率にはなりません。

ところが就活市場においては、ランキングの高い企業に就活生が殺到してしのぎを削る結果となります。企業の採用活動は、かつてあった指定校制度が実質的になくなり、原則、インターネットなどを通じてすべての学生に開かれています。企業の序列も数値化されておらず、学生の実力を図る数値（偏差値）もないので、多くの学生が可能性を求めて人気企業に応募することになるのです。

もちろん、極端に可能性の低い企業へのエントリーは控えるにしても、わずかな希望があれば行動を起こすのは自然なことです。わずかな可能性を求めてエントリーを行う数は、就活生全体で見れば膨大なものとなり、それが全体の企業数から見たらごくわずかしかない人気企業に殺到することになります。人気企業では、結果として実質千倍以上の倍率となることもめずらしくありません。

ちなみに、日本の法人数は約260万社。そのうち就活生に人気の高い東証1部上場企業は、1700社弱にすぎません。

「よい人材」が勝手に類型化される

日本経済団体連合会（経団連）が求める人材の「力」は、「志と心」「行動力」「知力」の3つのジャンルで説明されました。個々の企業の求める人材像は一様ではありませんが、「コミュニケーション能力」「基礎的な能力・学力」「頑張った実績、努力の証」「明るさ」「向上心」などが共通的に重視される傾向にあります。

現実にはどの面接者が面接しても、あるいは他の企業の面接者が面接しても、評価のばらつきは非常に少ないと言われています。結果的に、企業の人材に対する見方はステレオタイプになっており、「よい人材」が類型化されてしまっていると言うことができます。

実質的に類型化された「よい人材」の基準により、評価はばらつきなく行われるため、高い評価を受ける学生はどの会社に行っても評価が高く、低い学生はどこに行っても評価が低いということになります。評価の類型化によってこのような現象が起きるのですが、その学生が入社して実際に役に立つ「有益な人材」であるかどうかは別問題であることに気づかなければなりません。

ともかく、就活人気企業が偏ってしまう結果、学生に序列が存在していることと同様の状態になります。しかしそれが客観的な数値で示されないために、就活学生本人はそれを自覚しにくいのです。そのため、学生は場合によって人気ランキング上位の企業でも入れるかもしれないという幻想を抱いてしまいます。一方、ランキング上位企業は、膨大な数の応募を受けることになるため、自社の基準に合わない応募者は塊として切らざるを得ません。

こうして、内定をもらえる学生は多数の内定を獲得し、数十社エントリーしても内定が出ない学生は全く出ないという結果が生まれるのです。

「自分探し」の結論

すでに述べたように、大部分の若者は高校時点で「夢追い型」の進路選択をせず、とりあえず大学に入ってから考える「先送り型」の進路選択をします。「先送り型」の選択は、ミュージシャンやデザイナーなどの「ASUC職業」を志向する「夢追い型」の進路選択と対極にあるように見えますが、現実を直視していない点において、その根っこは同一です。

高校時点での「先送り型」の進路選択の典型は、とりあえず将来の職業選択についての結論は保留して、可能な範囲で偏差値ランキングが上位で就職に不利にならないと思われる「社会経済系」などの大学・学部に進んでおくというものです。

学生は、大学3年生のある時点で、自分探し、やりたいこと探しの結論を出す必要に迫られることになります。自分探し、やりたいこと探しの根底にあるのは、変わることのない「本当の自分」を見つけ、それを生かすことのできる職業に就きたいというものです。そして学生のメンタリティとしては、「本当の自分」は持って生まれたものなので、積みあげてきた実績や社会的な根拠は必要なく、自分自身の内面を掘り下げていくことで到達することができると考えることになります。

就活生のバイブル的な存在である『絶対内定』シリーズは、多くの就活生に影響を与えています。この本では、「心からの夢」や「本当にヤリタイコト」を実現するためには、その出発点として自分自身の探求から始める必要がある、としています。そして、この自分自身の探求を、「我究」と呼んでいます。また「我究とは、ただの自己分析ではない」と主張しています。

> 我究とは、「過去、現在、未来の自分について、自分と向かい合い、等身大の自分と自分の本音を把握する。ちっぽけな自分も、同時に無限の可能性を持つ自分も、弱みも強みも価値観も実感として把握する。そしてどんな自分になっていきたいか、心から望んでいることを把握し、それを実現するために行動力をつけていく」ことなのだ。（『絶対内定２０１２』杉村太郎著、ダイヤモンド社、２４４ページ）

「心からの夢」「本当にヤリタイコト」の実現は、論理的には就活ランキング上位企業志向に結びつくものではありませんが、結果としてこれが結びついていきます。

同書では、難関企業が求める８つの要素として、「自信」「人間関係力・リーダーシップ」「思考力（論理思考・発想力）」「文章力・面接力・センス」「容姿・雰囲気」「実績」「スペック」「人間性・価値観」をあげています。

> 難関企業はこれら８つの要素をまんべんなくチェックしている。すべて高いレベルでバランスがとれていることが求められる。飛びぬけたものがあれば、大目に見てくれるというものではない。採用は、どうしてもあら探しの面があるのだ。（同書、16ページ）

そして、一流企業について、以下のようにコメントしています。

> 一流企業には、能力だけでなく人格面でも高いレベルでなければ内定できない。そういう会社には、陰湿な人もいなければ、いじめも存在しない。仲間のやる気をなくさせるような人もいない。気持ちのいい人しかいないことを知っておこう。（同書、13ページ）

人気ランキング上位企業・一流企業に対して、神格化に近い極端な見方が示されています。もちろん現実にはこのようなことがあろうはずもなく、一種のモチベーション強化策として、悪く言えば「あおり」として記述されていると思われます。

しかし、「心からの夢」「本当にヤリタイコト」への極端なこだわりは、持って生まれた「本当の自分」「自分らしさ」「個性的な自分」を絶対視した場合の当然の帰結と考えられます。しかし、それがなぜランキング上位企業志向に結びつくのでしょうか。

教育改革やキャリア教育が行われてきたなかでも、ミュージシャンやデザイナーなどのASUC職業を志向する「夢追い型」の進路選択を実際に行うのは、中・下位高校を中心とする一部生徒です。「先送り型」のマジョリティとしては、職業選択の判断は先送りしつつ、取りあえずランキング上位大学・学部への進学を求めてきたという現実があり、そこには「ランキング上位を志向する」というメンタリティが生き続けています。

これまで、ランキング上位を目指してきた自分自身は、そのまま「本当の自分」の1つの要素なので、その志向性を継続していこうということなのでしょう。この考え方からすると、ランキング上位を目指し、それを維持する路線から撤退すると、二度と「本当の自分」に戻れなくなる恐れも出てきます。それは絶対に避けなければなりません。それは、これまで維持してきた自己肯定感を失いたくないのと、豊かな社会から脱落したくないという2つの理由からです。

多くの若者は内閉化しているために自己肯定感が安定しておらず、その不安定な自己肯定感を持続させるために、親密圏の他者から絶えず自己承認を与えてもらう必要があります。自分の身のまわりの仲間も就活を行い、様々な企業にエントリーしているわけですが、その企業群を評価する尺度が他ならぬランキングの概念です。ランキングの概念を軸として就活を行う親密圏の仲間との会話が成り立っているため、その志向性から抜け出ることがむずかしいとも言えます。

一方で、前述のような就活支援ビジネスからの一流企業神格化の「あおり」もあります。それらが相まって、「本当の自分」「自分らしさ」「個性的な自分」「本当の夢」「本当にヤリタイコト」が一流企業、人気ランキング上位企業に結びついていくと考えられます。

就活に向けての自分定義

自分探し、やりたいこと探しは、就活の局面で一気に結論づけを行う必要に迫られます。少なくとも、エントリーシートに記述できるだけの自分定義をしなければなりません。その内容は、企業にアピールすることが前提となるので、当然ある種のバイアスがかかります。

まず、自分の長所、短所を明確にする必要があります。

長所については、自分が本来持つ要素を生かし、それに若干の脚色を加え、ドライブをかけ、企業受けするわかりやすいものをつくりあげていくことになります。短所については、長所の裏返しとして定義し、あるいは長所のアリバイとして残し、これも明確にしていきます。

そして自分ストーリーをつくります。勉強をよほど頑張った人は別として、アルバイト、サークル活動、ボランティア活動がストーリーづくりの中心であり、そこで得たもの、学んだことを企業へのアピール用の物語に仕立てていきます。もちろん、架空のストーリーでは面接にたえられないので、実話をベースにそれを就活用ストーリーに昇華していく作業を行います。このストーリーづくりのために、アルバイト、サークル活動、ボランティア活動を行う学生も多いと言われています。

採用とのミスマッチ

現在の就活は、指定校制度もなく、自分定義を行ったエントリーシートをベースとして面接中心で判断されていくため、就活に失敗すると自分自身の存在が否定されていると感じてしまうケースもあります。一方で、内定・内々定を得ることができた学生は、それで満足せずにさらに活動を継続する傾向にあると言われています。

経団連が毎年企業会員向けに新卒採用に関するアンケート調査を行っています。この結果（2010年3月卒業者）によれば、内々定を出した学生の入社辞退率は、10％未満の企業の割合が38・8％、辞退率10％以上30％未満の企業の割合が37・7％、辞退率30％以上50％未満の企業の割合が17・8％、辞退率50％以上の企業の割合が3・1％となっています。

経団連の会員は、一般的には就活人気ランキングの上位企業です。それらの企業が、膨大な数の学生エントリーを得て選抜した結果が、これらの高い辞退率です。これは、企業と学生のマッチングがうまくいっていないことを端的に表す数字です。

就活で失敗した場合、自己否定された感覚を持ってしまう恐れがありますが、一方、就活に成功することで、自分自身の存在や自分の夢、ヤリタイコトがすべて受け入れられたと思う勘違いも発生します。場合によって、間違った全能感が醸成されてしまうこともあります。しかし、入社後、自分のヤリタイコトがすべて受け入れられるわけではなく、ましてや一流企業がユートピアであるわけでもありません。

ランキング意識の弊害の問題もあります。ランキング意識を基準として人気企業を選び、めでたく就職できたとして、その意識を変えない限り、現れるのは新たなランキング競争です。これは意識の投影の問題です。ランキング上位を志向するというのは、脱落恐怖症の裏返しとも言えるので、そのメンタリティを捨てない限り、常に脱落の恐怖感につきまとわれることになります。「人気企業に就職→人気部署に行けるかどうかのイス取りゲームの開始→脱落の恐怖と戦う→何とか勝ち残る→次にまたイス取りゲームが始まる」という不毛な循環から抜け出せなくなる可能性もあります。全体としての数字を見れば、大卒者の就職後3年以内の離職率は依然として34・2％という高い水準にあります（2006年3月卒業者：厚生労働省資料）。この数字は、日本の就活・採用システムがうまく機能していないことを示すものであると考えます。

だからこそ重要な「自社の経営理念」

就活・採用におけるこのような状況、このようなミスマッチをどう考えたらいいでしょうか。基本的には、社会の側が、若者をこのような状態に追い込んでいると考える必要があります。意思決定を先送りしてきた結果とはいえ、企業のエントリーシートを使って自分定義を行わざるを得ないこと自体が、とても痛ましいことです。

そもそも、政策の失敗もあって産業の空洞化を招き、若者にまともな雇用の場を設けることもできないことを、為政者とわたしたち有権者は反省する必要があります。全体としての雇用の確保がむずかしい状況のなかで、既得権者の雇用を優先し、基本的に若者の側へしわ寄せされている現実があります。

例えば、国家公務員の採用は、国が自身の判断として行えることです。公務員人件費の削減が必要となっていますが、それに対して既得権者（現職公務員）の削減をせず、人件費削減も不十分にしか行わず、採用減つまり若者の雇用を奪うことを対策の柱としている実態があります。

政策が現実にどのような事態を引き起こすかの想像力が欠けており、近年推進されてきたキャリア教育が、若者の職業選択に悪影響を及ぼしていること、大企業の採用活動が、大学差別、学生差別をしないという建前を守るために就活生に間違った希望を持たせ不毛な活動を誘発すると同時に、結果として不採用が就活生にダメージを与えていること、就活支援ビジネスが、矛盾を拡大させる方向に作用を及ぼしている面があること、などが問題点としてあげられます。

社会全体の矛盾が、若者の雇用の場に凝縮して現れており、解決は容易ではありません。企業の側でできることは、類型化された世間の「よい人材像」に捉われず、自社の経営理念に共感し、「目指す顧客価値」の実現とビジネスモデルの展開に貢献できる、自社にとっての「有益な人材」を明らかにすることです。そしてその採用・育成システムを構築し、真っ当な人材マッチングの事例を社会に示していくことです。

第6章　人材が集まる「採用力」
——物語コーポレーションの事例

赤字会社を引き継ぐ

物語コーポレーションは、愛知県豊橋市に本社を置き、ラーメン、焼き肉、お好み焼きなどの飲食店を全国展開する企業です。小林佳雄社長の強いリーダーシップのもとに、人事戦略を経営のど真ん中において、事業を展開しています。

直営97店舗、FC（フランチャイズ）116店舗、社員数427名、時間制従業員3569名、グループ店舗売上高約280億円（いずれも2011年6月末日時点）。2008年3月にはジャスダック証券取引所に株式上場、10年6月に東京証券取引所第2部に株式上場、11年6月に東京証券取引所第1部へ指定替えとなっています。

創業は1949年、小林氏の母親が豊橋駅前で開いたおでん屋が始まりです。小林氏は、大学を卒業後、就職活動に全敗、やむなく家業を継ぐことを決意し、フランス料理店でのウェイター修行や日本料理店での板前修業などを行いました。

1977年に小林氏は、すでに法人化され3店舗になっていた母親の会社に入社しましたが、その時点で3店舗ともに赤字経営となっていました。そして80年に小林氏は母親から社長を引き継ぐことになります。

社長を引き継いだものの、経営の立て直しはうまくいかず、客足は遠のき、板前たちが次々に退職していきました。社長としてのリーダーシップを発揮できず、年下の従業員にも「社長」とは呼んでもらえず、「小林君」と呼ばれる始末でした。これが小林社長の経営者としての原体験です。

小林社長は、強い挫折感を覚え、どのようにしたら人の心をつかむことができるのか、どのようにしたらやる気を持って働いてくれるのかについて考え抜き、以後、そうした「リーダーシップ」を追求する経営を行っていくことになります。同時に、小林社長は、将来多店舗展開を行っていくことを決意していました。

多店舗展開は当然、店舗運営を経営者自ら全部やるわけにはいきません。そのためには人をどのように採用して、どのように教育していくかという問題が立ちはだかります。

実際、飲食業の場合は、人のオペレーションとコスト管理がうまくできるかどうかで店舗経営の成否はおおかた決まってしまうところがあります。人事戦略が経営戦略の中枢を占めると言っても過言ではありません。間違いなくテーマは、人材（物語コーポレーションの表現では「人財」）です。

意思の「言語化」「見える化」が出発点

飲食業におけるリーダーシップは、日々のオペレーションに直接影響し、その結果は他の業種に比べて苛烈なものがあります。

一般的な業種では、役員、部長、課長などの役職構造、ヒエラルキーがリーダーシップ発揮の助けになりますが、飲食業では、役職はあまり機能しません。現場で働くスタッフの大部分がパート・アルバイトであることから、リーダーシップを持たないリーダーが指示を出しても、それに従わないことは日常茶飯事で、気に入らなければさっさと店を辞めてしまうこともあります。パート・アルバイトにそっぽを向かれたら、店舗運営はできません。つまり、飲食業では、社員（店長、現場のトップ）がリーダーシップを発揮できないと、ビジネスそのものが成立しないのです。

小林社長がリーダーシップを発揮できたのは、「自分の勘・感覚・感情を信じて決めよう」と決断して以降です。それまでは、判断にあたって「まわりの人がどう思うか」を常に考えていました。自分を信じるという意志が固まると、スタッフは不思議と自分についてきてくれるようになったのです。

物語コーポレーションの本社玄関の一番目立つところの壁には、約100枚の顔写真が立派な額に入れられて飾られています。これは、直営店の店長の写真で、店舗が事業の最前線かつ利益の源泉であり、それを担っているのが店長であることを本社スタッフが決して忘れないためのものです。その店長の名前の前には、「Pres.」つまり「プレジデント」の呼称が添えられています。すべての額の1つひとつには、“I shall make a decision.”のフレーズが書かれていて、「私は、自分の置かれた状況から逃げることなく、意思決定します」という気持ちが込められています。店長は数十人のスタッフを引っ張るリーダーであり、その店で起こる様々な問題を即座に判断し、意思決定しなければなりません。社長や上司の判断を仰いでいては間に合わないので、自分の勘や感覚を信じて決めていく必要があります。

リーダーシップを持たないリーダーは、飲食業においては、強い挫折感を味わうことになりますが、それを手に入れたとたん、スタッフの心をつかみ、指導し、まとめあげていくことができるようになります。この状態は、ときにリーダーに強い充実感、喜びをもたらします。

小林社長は、現在でも重要なことは1人で決断します。一方で、なぜその決断をしたかを社員に徹底的に説明します。理由だけでなく、その背景、どのように感じたのか、あるいはものごとを決定しなかった場合、なぜ決定しなかったかを説明し、意思を「言語化」「見える化」していきます。

リーダーがリスクを取ってどのように決断したかを、社員が追体験できるほど徹底的に説明することで納得感が生まれ、さらにそれを「トップダウンと思わなくってしまう」現象が起きます。社長の意思決定だけでなく、社内のあらゆることの「言語化」「見える化」は、物語コーポレーションが最も力を入れていることの1つです。それらは、リーダーを育てる方法論でもあるのです。

スマイル＆セクシー

リーダーシップが発揮できれば、そのリーダーが統括する組織の人的管理はうまくいき、少なくとも、スタッフがそっぽを向いて指示に従わないという事態は避けられます。

しかし、組織のリーダーが、リーダーシップを発揮し、スタッフをグリップして一体感を保ち、組織運営をうまく行っていくことと、組織の人材レベルをあげていくことは別のことがらです。

例えば、人材レベルの低い組織でも、リーダーシップが発揮されて、一体感のある強い組織が形成されることは十分にあり得ます。極論すれば、非合法集団などでよく見られる現象です。

組織は生き物です。「類は友を呼ぶ」ということわざがありますが、人は自分のレベルに合った集団にしか帰属することはできません。人材レベルの高い集団に、低いレベルの人材が参加した場合、その組織になじめず辞めていくことになります。そして、その逆のことも起こります。

したがって、経営の質を向上させるためには、リーダーシップを養成することに加え、人材レベルをあげていくことにも取り組んで行く必要があります。物語コーポレーションは、人材レベルをあげるための「物語アカデミー」をはじめとする様々なしくみをつくりあげ、徹底した取り組みを行っていますが、これについては後述します。

物語コーポレーションの経営理念は「スマイル＆セクシー」ですが、これは個人のありように直結する内容です。組織レベルをあげるためには、当然、個人のありようが問題になります。この経営理念は、端的に言えば、「自らを磨き自立した人間は、自ら意思決定ができる」という趣旨を表したものです。

スマイルという言葉には、笑顔だけでなく、マナー、やる気、表現力といった意味が含まれ、セクシーという言葉には、『自分らしさ』を正々堂々発揮する生き方をしてほしいという思いが込められています。自分らしく振る舞い、生き生きとした「自分物語」を持つ人＝「物語人」がたくさん集まって、「会社物語」をつくっていく、それが社名の由来でもあるのです。

ちなみに、スマイル＆セクシーな「物語人」としては、一風変わった髪型やファッションであっても、その人の個性として受け入れられています。

トップの意思──「人事戦略」こそ「成長戦略」

物語コーポレーションの経営戦略は、人事戦略をそのど真ん中に置くものです。普通の企業であれば人事戦略以外の目的で実施するような重要施策も、人事戦略目的で行っているという特徴があります。成長戦略や、店舗フォーマット、客単価の設定などの店舗戦略も、人事戦略上の目的を持って組み立てられているのです。

① 成長戦略

物語コーポレーションは、人事戦略上、成長を必要としています。

一般にフードビジネスにおいては、プロフェッショナルな社員になる方法として、2つの方向性があります。1つは、調理、商品開発、業態開発、マーケティングなどの分野でスペシャリストになることです。もう1つは、ゼネラリストとして店舗マネジメント、営業統括、組織マネジメントなどの道に進むことです。

ラーメン、焼き肉、お好み焼きなどのフードビジネスの場合、調理技術の面では、2～3年もあれば一定の成熟度に達します。また、その他のスペシャリストの分野は、それほど大人数を必要としているわけではありません。したがって社員は、まずはゼネラリストとして成長を目指していくことになります。ただし、ゼネラリストとして多くの社員が活躍していくためには、活躍の場を広く用意していくことが必要で、そのためには成長を続けなければなりません。物語コーポレーションは、社員の成長の場、活躍の場を確保するために、成長戦略を取っていると言っても過言ではありません。

なお、物語コーポレーションでは、ゼネラリストという言葉がわかりにくいため、よりアグレッシブなイメージを持つ「リーダーシップ」という表現を使っています。

すでに紹介したとおり、物語コーポレーションは、ジャスダックへの上場後、東証第2部、同第1部と、短期間に階段を駆けあがっています。このようにステージアップを果たしたことについては、資金調達目的や上場に伴う厳しいチェックを第三者から受けることで経営のレベルアップを図る目的もありましたが、人事戦略上の目的も大きかったのです。

つまり、社員に対して会社が成長していることをわかりやすく示し、「物語人」としての成長と活躍を促す目的です。新規応募者に対して、物語コーポレーションが成長企業であることを示し、応募の動機づけを強化する趣旨もあります。つまり、社員や応募者への「成長の見える化」を狙いとしたものでした。

② 店舗戦略

店舗フォーマットは、飲食業の収益構造を規定するものであり、ビジネスモデルそのものと言っても過言ではありません。物語コーポレーションは、人事戦略上の必要性をもとに、経営にとって最重要なテーマである店舗フォーマットを決めていきます。

一般的に、ロードサイド型の焼き肉店、ラーメン店、お好み焼き店は通常、パート・アルバイトの登録が30名程度の店舗がほとんどです。その場合、収益力から逆算して配置できる正社員は1名か、多くても2名になります。つまりわずか1、2名の社員で30名ほどのパート・アルバイトを管理し、店舗を運営していくことになります。実際、大手の外食チェーンでも、新卒で入社した社員をいきなり店長として配属し、社員はその店舗で店長1人だけというオペレーションを行っているケースがあります。その状態で挫折せずにやっていける社員だけが、会社に残っていくことになります。

ただここで、社員が店舗に1、2名という場合、社員対パート・アルバイトという人事上の構造は単純になって、店長（副店長）のパート・アルバイトに対するグリップ力が強くなる面があるという反面、社員の着実な成長や、組織のレベルアップという面からは問題が残ります。

　この点、物語コーポレーションは、１店舗に最低でも３名、可能であれば４、５名の社員を配置することを原則としています。店長、副店長、新人という階層構造をつくり、新入社員が先輩に指導されて着実に成長していく、そして先輩社員は後輩を指導していくことで自分自身も成長するという好循環をつくり出すことを狙いとしたものです。社員の教育・成長のためには、少なくとも３つの階層が必要であるという考え方です。

　また、多人数のパート・アルバイトに対して、社員が1、２名では、実質的にきめ細かな教育・指導を行うことができません。全体としての組織レベル、店舗のサービスレベルをあげていくためにも、社員の階層構造が必要なのです。

　一方で、３名以上の社員を配置する人件費負担は当然大きくなってしまいますから、その負担を可能とする店舗サイズが必要となります。物語コーポレーションの場合は、一般的な同種の店舗の倍近いサイズを持ち、パート・アルバイトの登録で45～60人規模となります。また、ラーメン店では客単価も８００円以上と高めに設定してあり、ローコスト型で店舗展開している他社チェーン店に比べると、約2倍の水準となっています。

　つまり物語コーポレーションの店舗フォーマットは、人材教育・育成の必要性から発想して開発したものなのですが、結果として高いサービスレベルが実現でき、消費者の幅広い支持を得て成長カーブを描くことに成功しているのです。

③ FC（フランチャイズ）戦略

当初、物語コーポレーションは、店舗展開は直営でやるという方針を堅持していました。しかし成長戦略上、成長期にある店舗フォーマットをスピーディーに拡大させる必要上、FC事業に進出しました。

ただし方針転換には、もう1つ大きな理由がありました。それは、FC事業の展開により、社員レベルを向上させたいという人事政策上の理由です。直営事業だけですと、多店舗展開のシステム構築が計画どおりに進んでいかないという事情があったからです。

FCパッケージを販売していく以上、システムとしての精度を向上させたり、徹底的にシステム開発の納期を守ったりするシビアさが必要になります。FC事業を展開することで、結果として社員の意識と仕事への取り組みに大きな変化が見られるようになりました。

経営理念が求める人材像を明確にした

物語コーポレーションの経営理念である「スマイル&セクシー」は、「自らを磨き自立した人間は、自ら意思決定ができる」という趣旨を表したものです。

この概念は、必ずしも「目指す顧客価値」に直結するものではありません。しかし、スマイル&セクシーな「物語人」は、顧客満足に直結する行動特性を持っています。そして、飲食業の場合、顧客満足の結果は日々の売上という成果になって表れ、ごまかしようがありません。したがって、経営理念を人材のあり方にフォーカスすることは、きわめて合理的な方法なのです。

また、具体的に達成すべき経営目標として「お客様の心のリラックス・物語人の心の自立」が掲げられています。ここではじめて「お客様」が登場し、その「心のリラックス」を達成すべきものと定義していますが、ここでもまたそれを達成するために必要な「物語人の心の自立」が語られます。物語コーポレーションの人材のあり方へのこだわりは、並大抵のものではありません。

経営目標を達成するために具体的に社員が実践すべき事項として、以下の6項目を掲げています。

経営目標「お客様の心のリラックス・物語人の心の自立」の実践

1. 私たちはスマイル&セクシーだから、お客様をリラックスさせる。
- ・お客様をおしゃべりにさせる
- ・お客様を笑顔にさせる
- ・お客様にわがままを言わせる
- ・お客様に冗談を言わせる
- ・お客様に友人と思っていただく

2. 私たちはスマイル&セクシーだから、周りのみんなを自由で活動的にさせる。

・社員・パート・アルバイトの垣根をとる
・男女の垣根をとる
・人種・国籍の垣根をとる
・老若の垣根をとる
・人間一人一人を尊重する

3．私たちはスマイル＆セクシーだから、だれもが自然に堂々と意見表明する。
・「サービス」に意見をたくさんもっている
・「商品」に意見をたくさんもっている
・「システム」に意見をたくさんもっている
・「経営」に意見をたくさんもっている
・「社会」に意見をたくさんもっている

4．私たちはスマイル＆セクシーだから、一人一人が自然に議論する。
・議論なしの多数決はやめよう
・議論なしの押しつけはやめよう
・議論なしの根回しはやめよう

5．私たちはスマイル＆セクシーだから、意思決定する。
・議論で一つの意思決定を導き出そう

・危険予測能力を高めよう
・自分の勘を尊重しよう
・意思決定で、たくさんの成功体験・失敗体験を経験しよう
・意思決定で、ビジネスや人生の原理原則をつくろう
6．私たちはその結果、美しく正々堂々とした成熟・自立の道を歩める。
そして、私たちが見つけたスマイル＆セクシーの理念と行動を社会に広めよう。それが私たちの目標です。

「花一輪」——誰もが心にとめるべきメッセージはひと言で

これら6項目の内容は、第1の項目で、顧客にリラックスしてもらう具体的なイメージを明確にしていますが、どのようなサービスを行うかの具体的な方法には触れていません。

そこで「花一輪」という言葉が登場します。接客・調理の場におけるサービス行動と、それと趣旨を同じくする本部社員の職務行動について、「花一輪」の概念を象徴的に使って次のように示しています。

「花一輪」は、店舗で接客・調理に従事する社員、本部での商品開発・ＦＣ開発・管理業

務に従事する社員等、多岐にわたり様々な業務に従事する社員が、全社の最終目的である「店舗運営力の差別化の実現」のために、各々の社員が日々業務を進めるうえで「何をすれば差別化になるのか」を分かりやすく示したものです。

第一条　「花一輪」添えてお客様の物語づくりをしよう
第二条　自然な笑顔で「花一輪」添えよう
第三条　自然な言葉で「花一輪」添えよう
第四条　素敵な気配りで「花一輪」添えよう
第五条　私たちのお料理に「花一輪」添えよう
第六条　他社から学んで「花一輪」添えよう
第七条　プロから学んで「花一輪」添えよう
第八条　お客様から学んで「花一輪」添えよう
第九条　「花一輪」添えて自分の心とプロの心を教えよう
第十条　「花一輪」の気持ちでおそうじしよう

物語コーポレーションでは、さらに社員の行動規範が定義されています。これは、行動規範であると同時に、社員のあるべき「人材像」を表したものです。

行動規範「物語人はかくありき」

1. 明るく元気にあいさつ
2. やる気をムンムン表出する
3. プラス発想、勉強好き
4. スピーディーな判断と意思決定
5. スピーディーな有言
6. スピーディーな実行
7. 率先垂範
8. OJTなくして部下の成長なし
9. たくさんの問題発見
10. たくさんの提案
11. 優先順位を考える
12. 労働生産性を考える
13. 知的労働生産性を考える
14. 悪い報告こそ包み隠さず
15. 自らの失敗報告こそ包み隠さず

16．予算達成の価値と喜びを知っている
17．結果をだす

これらの経営・人材に関する定義は、インターネットホームページにもすべて公開されており、物語コーポレーションへの応募者は、事前にその内容を把握することができます。また、これらのメッセージは、経営者の日常的なコメントをはじめ、社内広報物・掲示物として幅広く発信されていて、社員は日常的に、いわばシャワーのように浴びています。

採用を最重要課題と位置づける

物語コーポレーションにおいて、人事戦略は経営戦略そのものと言っても過言ではありません。「採用」はその入り口として最重要課題と位置づけられます。

採用方法としては、新卒採用とキャリア（中途）採用の両方を行っています。キャリア採用を行うのは、社員の年齢構成上バランスのよい三角形をつくる必要があるからで、急速に拡大してきた物語コーポレーションの場合、新卒採用だけでは中堅どころの人材が手薄になってしまうのです。

最近（２０１０年）の採用実績としては、人数にして約１００名を採用、そのうち約60名が新卒、残りがキャリア採用です。この両方の採用により、バランスのよい人員構成を実現していきます。
　一般に、飲食業界は、そこに就職したいと思う学生の割合は非常に低く、全体の３パーセントから多くて５パーセント程度と言われています。なかでも、焼き肉店、ラーメン店、お好み焼き店などは、志望者の割合が非常に低い業種なのです。

図表14　目指す人員構成

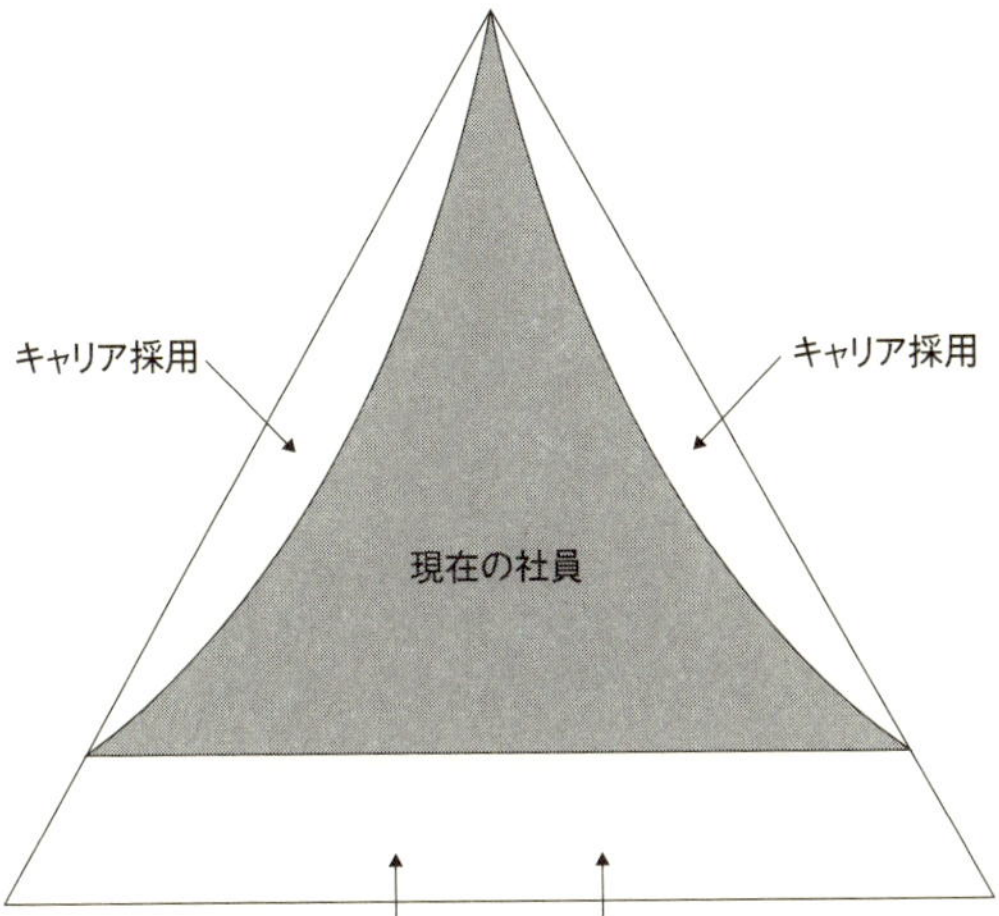

　つまり、物語コーポレーションの新卒採用においては、飲食業に就職するつもりのなかった学生に興味を持ってもらい、その興味を拡大させて入社動機にまで高めていき、入社を決断させるというプロセスを構築する必要があります。そのため、綿密なプロセス設計に加え、小林社長の人間的な魅力と説得力を最大限活用していくことが必要になります。
　小林社長は、採用はトップの重要な役割という認識を持っています。そこで、何らかの理由で物語コーポレーションの採用にエントリーしてきた最初の見込み応募者（母集団）に対して、社長自らの失敗談を交え「意思決定」の重要性を説く講演を行います。その講演を聴き感動した見込み応募者の何割かは、実質的な応募者に変わっていくのです。

物語コーポレーションの採用活動は、教育活動でもあります。セミナー開催からはじまり、セミナー参加者を店舗見学ツアーへ誘導し、面接にまで持っていくことになります。その一連の流れのなかで行うことは、どのように意思決定をしたらいいか、どのように会社を選ぶべきか、外食産業における企業経営とは、そこで働くとはどういうことか、を教えることです。

教育を行うとともに、頻繁に応募者にコンタクトをとり、人間関係を構築することにも努めていきます。こうした応募者へのフォローアップは、入社への動機づけや内定辞退防止、働くことへのモチベーションの向上などに役立つのです。

なお、採用活動は人材育成の入り口にすぎず、教育とフォローアップは、入社後も同じ考え方で続いていきます。

2万人の応募者

新卒採用プロセスは、物語コーポレーションの採用活動の基幹となるものです。量と質の両面を確保する必要があり、明確なプロセスが設計されています。２０１０年の実績を紹介しましょう。

【見込み応募者（母集団）確保（約2万人）】

物語コーポレーションでは、一定量の新卒採用を行うことが成長のエンジンとなるため、最初にできるだけ多くの「見込み応募者（母集団）」を確保することが出発点になります。もし「見込み応募者」の確保がうまくいかなかった場合は、その後のプロセスの効率が非常に悪くなります。

学生がエントリーするルートを複数設定します。実績として合計で2万人を確保できましたが、このうち一番大きいのがインターネットを活用したいわゆる「就職活動ナビ」で、エントリー全体の約80パーセントを占めます。

全国的な知名度はまだまだ低く、社名で検索されることは非常に少ないので、「コンサルタント、スーパーバイザー、商品開発、成長企業」など学生が興味を示すキーワードと物語コーポレーションが結びつくよう、ネット上の対策を行っています。

その他、都市部で開催される合同会社説明会からのエントリーが全体の約18パーセント、大学構内におけるセミナー開催を通じてのエントリーとその他のものを合わせて数パーセントとなります。合同会社説明会等のイベントについては、外国人留学生が集まる就活イベント、ベンチャー企業が集まるイベント等に、異色の学生を求めて積極的に出展しています。

【セミナー動員（約2800人）】

全国で年間50回弱、就活生向けのセミナーを開催しており、そのうち約30回は、「業界研究、業態開発」体感セミナーと題して、外食産業やその業態開発について体感的に学べるセミナーを開催します。

残りの約20回は、「会社の選び方、意思決定の仕方」というタイトルで、小林社長が講師を務めます。このセミナーでは、小林社長の就活における失敗談からはじまり、重要な意思決定をどのように行うべきか、就職する会社をどのような観点で決めたらいいかなどの内容について、社長自身の考え方を伝えます。

いずれのセミナーについても、物語コーポレーションの宣伝が趣旨ではなく、あくまでタイトルの内容を真摯に説明することに徹します。また講師を務める小林社長も幹部社員も、「物語人」として方言（三河弁）を交えながらスピーチします。

前述のとおり、もともと外食産業・飲食業に就職を希望する学生はごくわずかで、全体の3～5パーセントです。そして、このセミナーに参加する学生のなかで外食産業・飲食業を志望する者は2割程度であると推定されます。物語コーポレーションの学生への教育はここが出発点になります。ここで聞いたことに興味を持った人間、感動した人間の一定割合は、物語コーポレーション自体に興味を持ち、次のステップへ進むことになります。

セミナーへの誘導方法としては、物語コーポレーションへのエントリー者に対して、DM、電子メール、電話等で呼びかけをし、参加申込者に対して10日前確認コール、前日確認コールなどきめ細かい対応を行っていきます。

一般的に、就活を行う学生に対する企業セミナーは、申込者に対して実際に参加するのは50パーセント程度ですが、物語コーポレーションの場合は、きめ細かなフォローを行うことにより、70パーセント以上の出席率を確保しています。

【店舗見学ツアー動員（約６００人）】

店舗見学ツアーを年間25回程度開催します。

セミナー受講者が対象ですが、セミナー終了後に店舗見学ツアーへの参加の意向を確認し、参加希望者の志望度等により対象者を限定します。

見学ツアーでは、物語コーポレーションが展開するすべての業態を視察します。この視察での第1のポイントは、物語コーポレーションの店舗経営の具体的な考え方を真摯に説明することです。この店舗はなぜここに立地しているのか、店舗の向きと看板の位置関係はなぜこうなっているのか、メニュー構成はどのような考え方によるものか、などです。

そして第2のポイントは、働くことのリアルな部分を包み隠さず示すことです。内容は基本的には店長が説明しますが、物語コーポレーションの店舗で働くことの実態がわかり、同時にできるだけ企業文化や風土も理解できるような説明を心がけます。そして、徹底的な情報開示によって、物語コーポレーションの店舗展開の強みや合理性を理解してもらえるように努めます。

この店舗見学ツアーにはいろいろな意味があります。

まずこのツアーは、実社会、実ビジネスに関する「教育」であるということです。学生に対し、新入社員への教育と同じスタンスで説明します。どんなテーマであれ、真実を学ぶことは、喜びにつながります。これがきっかけで、これまで外食産業にあまり興味がなかった学生が、本気で物語コーポレーションへの就職を検討し始めることも少なくありません。

参加者が、実際に物語コーポレーションに就職したケースでは、この店舗見学ツアーは、さらに大きな意味を持ちます。就職前のイメージと、実際に働き始めてからの実態が違っている場合、不満が生じ、悪くすると早期離職につながります。「こんなはずではなかった」という思いが湧いてくるのです。そうした事態を避けるために、できるかぎり働くことのリアルな姿を理解させておく必要があります。その意味で、この店舗見学ツアーは非常に効果の高い「すり合わせ作業」となります。

参加者が店長の説明を聞いて好感を持ち、このような人の下で働きたいと思うこともあります。これも店舗見学ツアー開催効果の1つです。

参加者によって、興味を持つポイントは異なっており、それがどこかはわかりません。しかし、できる限り幅広く経営の実態を見てもらうことによって、参加者の心のどこかに「フック」がかかる可能性が高まります。

店舗見学ツアー参加者には、レポートの提出を義務づけています。レポートの提出は、学んだことを定着させるとともに、志望動機を高める効果もあります。

ツアー終了後、簡単に個別面談を行い、志望度と本人の希望によって面接のプロセスに進みます。

モチベーションを見極める――モチベーション面接（第1次240人、第2次120人）

選考のための面接は、物語コーポレーションではモチベーション面接と呼ばれています。２段階で行い、２段階目が最終面接となります。

面接で重点的に検証を行う要素は、志望度に加え、人格、能力です。特筆すべきは、能力のなかのコンセプチュアルスキルを非常に重視することです。ビジネスは、最終的には理屈の世界です。例示すれば、売上は、客数×客単価、によって導き出され、客数の増減には様々な要因があり、という具合に論理展開していくことができます。そのため、物語コーポレーションは、接客サービス業で必要とされる対人感受性や表現力よりも、むしろ物事を抽象化して考えていく力、本質を捉える力であるコンセプチュアルスキルを重視するのです。

実際に、コミュニケーション能力でやや問題があると思われた人材でも、店舗に配属されたところ売上に関する様々な要因分析などを行い、非常に力を発揮している事例もあります。

また一般論として、採用面接時の評価点と入社後のパフォーマンスについては、２年程度は相関関係があってもその後はあまり関係がなくなるという見方があるのですが、物語コーポレーションでは、「最終的には入社してみないとわからないが、傾向として大きく外れることはない」という判断をしていますから、一般的な事例に比べて、採用面接の評価の精度が高いと考えられます。

内定者は１００人――内定および内定辞退防止

外食産業は、一般的に内定者の半数は辞退する業界で、内定（内々定）後も、綿密なフォローが不可欠です。ちなみに、物語コーポレーションの内定辞退率は４割弱で、約１００名に内定を出して、60名が入社しました。

内定後、内定者掲示板を開設します。また、内定者の懇親会を開催するとともに、合宿を原則として３回開催します。これらの行為は、内定者同士の横のつながりをつくり、内定辞退を防止するだけでなく、志望度を落とさずむしろ向上させる目的を持ちます。

内定者合宿においては、物語コーポレーションの理念、考え方、働く掟などについてレクチャーします。10月に開催する合宿は、内定式を兼ねたもので、手渡される内定書は１人ひとり文面の異なる小林社長の直筆の手紙になっています。２月の合宿では、配属先を伝えるとともに個人面談も実施します。

これらの取り組みは、内定辞退防止という直接の目的もありますが、学生から社会人へと脱皮するためのトレーニングであり、また物語コーポレーション社員としてのテンションにまで引き上げていくための助走としての意味もあります。そして、入社後に始まるより実践的な教育訓練の準備運動でもあります。

また、合宿中の「自分物語」を語るというプログラムにおいて、内定者は「自己開示」を行います。きわめて狭い「親密圏」のなかで育ってきている最近の若者は、内閉化する傾向にあります。そのため、社会人になっていきなり「公共圏」の真っ只中で生きることに耐えられなくなるという現象も起きがちです。そうした事態を避けるためにも、公共圏に徐々にならしていくトレーニング期間が必要で、合宿における「自己開示」は「社会化トレーニング」の意味を持つと考えられます。

このように、内定期間の組み立ては、社会人としてのスタートがうまく切れるかどうかに影響を与える重要な要素であると考えられます。

「物語アカデミー」──きめ細かく丁寧な採用後教育

入社後の社員研修は、きめ細かく丁寧に行われます。入社後1週間は合宿形式の研修を実施し、その後、各現場に配属されます。他の外食チェーン企業の場合、研修を終えてすぐ店長という例もありますが、物語コーポレーションの場合は、店長、副店長がフォローできる組織階層のなかで、大きな不安にさらされずに仕事に慣れていくことができます。

各店舗内でのフォローアップのほか、本部からのフォローも綿密に行われています。入社後半年間は、月に1度、全国から本社近くに新入社員を集めての研修が行われます。この期間は、学生が社会人となって最初にそのギャップを味わう期間です。メンタルケアの意味からも、適切なフォローアップが必要です。

入社半年以降の2年半は、原則として2か月に1回の研修でフォローアップしていきます。この研修システムは、フードビジネスのプロを養成するための「物語アカデミー」の事業の一環として実施されます。

「物語アカデミー」は、フードサービスのプロフェッショナル育成を目指して2002年にスタートした独自の研修機関です。年間を通じて様々な講座を開催しており、店舗社員にとどまらず、本社社員やフランチャイズ加盟店舗の社員も受講できる開かれた研修の場です。

4年が経過すると、海外研修を実施し、異文化とあわせて外国企業の人材との交流を経験します。この海外研修が新入社員のモチベーション維持にも役立っています。

ちなみに、物語コーポレーションの最近の年間離職率は7パーセント強（2010年度）です。外食産業の離職率は非常に高く、平均値が30パーセント近いと言われていますから、物語コーポレーションの社員定着率は、きわめて高いと言えます。

その他、ワーク・ライフ・バランスを確保するため、外食産業としてはめずらしく、月に9日の休日を確保することや、12月31日と1月1日は、家族と過ごすために必ず休業することなどが特徴としてあげられます。

「感情労働」を支える「自分物語」

物語コーポレーションで働くということは、2つの与件のなかで働くということです。与件の1つは感情労働であり、もう1つはトップダウンによる意思決定です。

外食産業で働くということは、必然的に「感情労働」つまり「サービスを提供するときの感情の様式それ自体がサービスの一部であるような労働（ホックシールド）」に就くということです。感情労働を行う場合、前提として提供する商品・サービスに対して、つまりそのビジネスに対して自ら共感できなければ、労働は感情の切り売りとなってしまいます。物語コーポレーションの場合は、この共感が形成されたうえで入社する人が大部分なので、この点での問題は基本的に発生しません。

また、サービス業は、モンスター化する傾向にある顧客に対して、サービスの標準化で対処することが一般的です。その極端な例が、ファストフード店などで見られる接客サービスの徹底したマニュアル化です。ところが物語コーポレーションの場合、方針としてサービスの標準化は基本的なレベルにとどめてあり、店長の判断やスタッフの個性を尊重しています。前述したように、「花一輪」という象徴的な概念を使って、マニュアルではなく行動規範・ＤＮＡとしてその考え方を伝播させていきます。

徹底した標準化・マニュアル化による支えなしで、社員は感情労働に従事することになりますが、それは社員を無防備な状態で顧客の前に放り出すということではありません。各店舗では、少なくとも店長・副店長・新人という3つの階層構造がつくられていて、新入社員はその教育・フォロー体制のなかで働くことができます。また、入社後半年間の手厚い研修・フォローアップと、その後の2年半の定期的な研修により様々な知識や方法論を得て、少しずつレベルの高い仕事に臨めるようになるからです。

一方、物語コーポレーションでは、社員に対して、「自分らしさ」や「個性的な自分」に徹底してこだわるようモチベートしています。そうすることで、接客サービスの拠りどころとなる自分自身や自己肯定感が明確になり、感情労働を安定的に遂行できるという効果が生まれます。

採用の段階から、小林社長は、「周りの人と違っていいんだよ」「自分の夢にこだわって、自分を全部出しちゃってよ」という承認のメッセージを発していきます。

このメッセージは、形だけのものではありません。前述のとおり、自分らしさを表現する髪型や服装を幅広く認め、店内の一番目立つところに、スタッフの夢やこだわりが顔写真つきで大きく貼り出す店舗があるほどです。

そして、「それぞれの『自分物語』が集まって、やがて個性あふれる「会社物語」が動き出す」というメッセージを発しています。これは、「物語コーポレーション」という名前の由来そのものですが、「自分物語」が先にあり、その後「会社物語」が動くという順は、人材から経営を発想する物語コーポレーションの思想を示しています。

客観的に見れば合理性を見出しにくい「自分らしさ」や「個性的な自分」にこだわる若者に戸惑い、それを本音としては否定する企業が多いなかで、形だけではなく本当にそれを受け入れていこうとする物語コーポレーションの考え方は人事に関する企業のスタンスとして非常に特徴あるものです。そして、それは採用時のメッセージとしても異色であり、人材獲得面で大きな効果

店舗には写真つきで社員の言葉が貼り出されている。

をもたらしていると考えられます。

トップダウンによる意思決定がすべてだった

トップダウンによる意思決定が、物語コーポレーションの特徴です。トップダウンで意思決定を行う企業は数多くありますが、トップダウンの機能を正確に把握し、それをメッセージとして社員に伝え、企業カルチャーにまで昇華している企業は多くはありません。

繰り返しになりますが、リーダーシップを発揮できないと、すぐに店舗運営が行き詰まってしまうのが飲食業です。小林社長の事業家としての原点は、「どうしたらリーダーシップを手に入れることができるか」「何とかしてリーダーシップを手に入れたい」という強い思いでした。その答えが、「自分を信じて決断する」というものでした。

トップダウン型の意思決定と反対の概念は、コンセンサス型の意思決定です。日本の企業の多くは後者のスタイルをとっていますが、スピード感を持って戦略的に事業を進めている企業では、トップダウン型の意思決定を行う割合が高いと言えます。前述の劇団四季も都田建設も、トップダウン型の意思決定を行う企業です。

日本の多くの企業では、「報連相（報告・連絡・相談）」を求めます。これは、ある意味コンセンサス型の意思決定を行うことに付随する行為と考えられます。「報連相」は、「何を、誰に、どこまで」報連相したらいいのかがあいまいなケースが多く、その「空気を読む」ことが求められます。「ワイガヤ」も同じカルチャーです。大部屋などで、上下の区分なく、ワイワイガヤガヤ議論をすることで、情報を共有し、コンセンサスの形成を図る企業文化です。

「報連相」も「ワイガヤ」も、コンセンサス型企業においては業績向上のために有効であることは確かですが、もしカルチャーが明らかに異なる人材、例えば外国人がその職場に入った場合など、「報連相」や「ワイガヤ」は最も理解に苦しむところとなるのではないでしょうか。

物語コーポレーションの場合は、全社的な意思決定は社長が行います。店舗内のことは店長が決めます。その他、決めるべきポジションの人間が決めるべきことを決めていきます。意思決定を行うべき人間がそれを明確に行わないと、リーダーシップが保たれず、組織運営が破綻するからです。

その代わり、前述したように、なぜその決断をしたかをスタッフに徹底的に説明します。理由だけでなく、その背景、どのように感じてのものかなどです。あるいはものごとを決定しなかった場合、なぜ決定しなかったかも説明します。関連情報も徹底的に開示し、「見える化」します。物語コーポレーションでは、議論は自由で、新入社員が面と向かってあるいはメールで小林社長に意見を言うことも普通に許されています。逆に「議論なしの根回し」は禁止事項になっています。

リーダーが、リスクを取ってどのように決断したかを、スタッフが追体験できるほど徹底的に説明することで納得感が生まれ、それによってリーダーシップを学んでいくことができます。そして、リーダーシップを学んだ社員は、事業を拡大していくうえで強力な武器になっていくのです。

実は、リーダーが明確に意思決定を行う現場にいてそれを体感していく方法以外で、リーダーシップを学ぶことはむずかしいのです。その意味で、コンセンサス型の意思決定を行う経営スタイルでは、リーダーシップを持った社員が育ちにくいのです。人材レベルでの差別化は、その重要性が理解できてもなかなか他社は真似ができないことであり、物語コーポレーションのビジネスの成功は、リーダーシップを持った社員の育成にその要因があると見ることができます。

今一度振り返ると、経営理念は「スマイル＆セクシー」です。この経営理念は、「自らを磨き自立した人間は、自ら意思決定ができる」という趣旨です。物語コーポレーションは、この考え方を、採用プロセスの早い段階から繰り返しアナウンスしています。ほとんどの応募者が最初に物語コーポレーションの思想に出会うことになる「セミナー」は、そのタイトルが「会社の選び方、意思決定の仕方」です。

小林社長が、創業期に悩み抜いて獲得した最も大切なものはリーダーシップであり、それが若者たちに伝える最初のメッセージであるということは、きわめて象徴的なことと思われます。

第7章 「採用力」を磨く
――「普通の人材」を「有益な人材」に

必要なのは「有能な人材」ではなく「有益な人材」

ビジネスを成り立たせる基本的な機能、諸要素は人材によって実現されます。もちろん、機能、諸要素のなかでも重要度の差はあり、内容によってはアウトソーシングで対応できるケースもあります。しかし、競争優位性の源泉となるものについては、自社で対応していくことになります。自社の人材で対応するにしても、個人の能力に頼った経営は、きわめて不安定な結果をもたらします。持続的で確率の高い経営を実現するためには、ビジネスモデル、つまりしくみで勝負していく必要があります。トップスターに頼らない演劇ビジネスで、顧客の持続的な支持を集め、長期的な成功を収めている劇団四季がよい事例です。

「個人の能力に頼らない経営」を逆に言えば、「普通の人材を採用し、使いこなしていく経営」となります。「使いこなしていく」というのは、普通の人材を教育としくみにより「有益な人材」に変えていくということです。必要なのは「有能な人材」ではなく、「有益な人材」です。

なお、普通の人材の「普通」はもちろん、企業レベルによって異なります。就活市場で人気の高い企業であれば、「レベルの高い」人材が応募してきます。しかし、どのレベルの企業であっても、その企業にとっての普通の人材を使いこなしていくという考え方を持っていないと、経営や「採用」は地に足が着いたものになりません。そうでない場合、「どこかによい人材がいないかな?」という「夢追い型」職業選択ならぬ「夢追い型」採用になってしまう可能性があります。

それが危険なのは、実証的な採用活動から遠ざかってしまい、「よい人材」のイメージが応募者に部分的にあてはまった場合、それを全体に広げて採用の判断をしてしまう間違いを犯しやすいからです。「高学歴だから優秀に違いない」「体育会系で元気がよく、当社への志望度が高いからきっと役に立つ」といった判断をして、結果が全然違っていたというのはよくある話です。

採用の真の目的を言葉にできるか

やるべきことは、「普通に能力を持っている」「普通に頑張ることができる」人材を、様々な観点から実証的に判断していくことです。

「普通の人材を使いこなす」ということと、「能力の高い人材、異能人材をできる限り求め、その能力を最大限生かしていく」ということは、矛盾しません。逆に、「普通の人材を使いこなす」ためのスタンダードなしくみがあってはじめて、「能力の高い人材、異能人材をできる限り求め、その能力を最大限生かしていく」対応が可能になります。

採用の直接の目的は、当然のことながら、「目指す顧客価値」の実現に寄与する「有益な人材の獲得」です。もう少し視野を広げてみると、「企業の人材力を向上させること」と定義することができます。採用は、大きなエネルギーを要する活動です。有益な人材を獲得することは非常に価値があることですが、それに加えて、採用のプロセスを通じて人材の評価基準を見直すこと、教育システムを見直すこと、そして何よりも採用のプロセスに全社的な参加を得ることで、すでに在籍する社員の人材力が向上していく可能性があります。こうした観点から、「採用活動は未来の社員を含む全社員の人材力向上活動である」と位置づけるべきです。

採用活動を「未来の社員を含む全社員の人材力向上活動」と位置づければ、応募者とのやりとりを「教育活動」と考えることもできます。現に成長企業においては、採用プロセスを単なる選考プロセスとは考えず、実質的に初期の段階から応募者への「教育」を始めています。それが応募者の入社の動機づけにもつながっていき、一石二鳥の取り組みとなります。

以上のように、採用の真の目的を言語化、見える化し、全社で共有していくことが必要です。

人材投資は長期投資である

人材を獲得（採用）し、育成していくことは長期の取り組みとなります。それを人材投資と呼ぶことができますが、人材投資はビジネスモデル構築の中核的行為となります。

ブランド力があり、安定的に業績をあげている企業でも、実際は人材力がブランド力を支えていることが多いのです。ブランド力は、不祥事等により一瞬にして崩れてしまいますが、人材力は持続的に機能します。この人材面での差異化が行われると、他社はわかっていても追いつけないことになります。明確な経営戦略を持って成長を実現している企業は、多くの場合、独自の方針に基づいて人材投資を行っており、人材面での差異化、つまり他社の追随を許さない差異化に成功しているのです。

劇団四季は、所属の研究生・俳優を対象とした研修センター「四季芸術センター」を設置し、毎日レッスンを実施しています。レッスンの内容は四季メソッドにより綿密に構成された研修プログラムで、各種ダンスに加え、呼吸法・発音・発声練習、台詞、ヴォーカル、ヨガ、ストレッチなどで、定例化されたものだけで年間延べ1500回に及びます。四季メソッドは、四季が長年の間に独自に開発したものです。

都田建設では、入社後1年間は1か月に1度、社長が新入社員に面談をするほか、全員参加による社内研修を毎週1回午前中を使って開催しています。それとは別に、「だいちゃん塾」と呼ばれる幹部クラスを対象とした勉強会も月に1回行っています。

物語コーポレーションの場合、入社後半年間は、月に1度、全国から本社近くに新入社員を集めての研修が行われます。入社半年以降の2年半は、原則2か月に1回の研修でさらにフォローアップを重ねます。また、フードビジネスのプロを養成するための「物語アカデミー」を設置し、年間を通じて様々な講座を実施していますが、これは社員のみならずフランチャイズ加盟店舗の社員も受講できます。そして、４年が経過すると海外での研修となりますが、この海外研修が新入社員のモチベーション維持にもつながっています。

強い会社になるためには、長期にわたる取り組みを前提として人材投資を行っていかなければならず、そのことについての全社的な合意を形成する必要があります。

全社で取り組む

いま一度確認すると、採用は経営戦略の実行にあたるものです。経営戦略の実行という問題なので、全社で取り組む必要があります。建て前としてそうすべきということではなく、全社的に取り組まないと、あるべき採用が実現できないからです。

これまでの事例で見てきたように、採用とその後の教育はセットとなって機能します。採用後の教育システムがあるからこそ、採用において検証すべきポイントが明らかになります。そして、採用基準は採用後の評価基準と整合しているものでなければなりません。

また、採用の面でも、ＰＤＣＡサイクル、つまりＰＬＡＮ（計画）→ＤＯ（実行）→ＣＨＥＣＫ（評価）→ＡＣＴ（改善）のサイクルをまわす必要がありますが、これをうまくまわすためには、全社がこのプロセスに参加する必要があります。採用時点での評価点と、実際に各部署に配属された後の評価が整合しているか、採用時点で評価した能力や資質が実際にはどのように発揮されたかなど、これらの検証が行われないと、採用プロセス自体の改善が行えないのです。

なお、普通の人材を採用し教育訓練により使いこなしていく方針を持つことは、採用でよい人材を獲得することを軽視することにはつながりません。意識の低い人材、能力の低い人材を教育により引き上げていくのは並大抵ではなく、目指す方向性の違う人材を、企業のベクトルに合わせて引っ張って行こうとするのはさらに困難です。

採用によってよい人材を獲得することが何より効率的です。「採用で、人材のパフォーマンスは8割方決まってしまう」とよく言われます。これをより正確に言えば、人事の成否のうちの「否」は、おおかた採用により決まってしまうということです。方向性や資質が企業のベクトルと合わない人材を採用してしまった場合、教育訓練による伸びしろが小さいために失敗に終わる恐れが高く、一方、企業のベクトルに合った「普通の人材」は、その後の教育訓練により大きく伸びて「有益な人材」となる可能性が高いということです。

もう1つの重要なポイントは、経営トップの採用活動への参加です。経営戦略上最も重要な企業活動の1つである採用活動は、経営トップの参加により、応募者に向けてのアピール度が一気に高まり、採用プロセスが活性化します。

劇団四季では、現在でも浅利慶太代表がオーディションの審査員を務めています。

都田建設では、採用の重要なプロセスは蓬台浩明社長がほとんど受け持っています。

物語コーポレーションでは、小林佳雄社長が就活生向けセミナーの講師を務めるほか、並々ならぬエネルギーを採用に注いでいます。

経営トップは、ほとんどのケースで、その企業の理念を体現しています。中堅・中小企業の場合は、採用に関する客観的な条件面で大企業に比べて不利な状況にありますが、その一方で、経営トップが直接採用にコミットできる余地は大きいと言えます。大企業においても経営トップの参加が望ましいのですが、特に中堅・中小企業は、経営トップの魅力を最大限生かしてよい人材の獲得の可能性を拡げるべきです。

自社のプレゼンスを高める

「類は友を呼ぶ」ということわざがあります。同じ波長を持った人間と人間、あるいは人間と「人間の集まりである組織」は、同調し引き合う現象が起きます。

サービス経済化した競争環境のなかで、企業は基本的にコミュニケーション能力の高いオープンマインドな人材を必要としています。そのような人材を集めるためには、企業自身がコミュニケーション体質を強化し、自社のプレゼンス（存在感）を高めていく必要があります。プレゼンスの高い企業には、コミュニケーション能力の高い人材に限らず、様々な人材が集まりやすいという特徴があります。企業が発展していくためには、とにかく人が集まる企業にならなければなりません。

経営理念や企業活動を「見える化」することがその第一歩です。そのための最もわかりやすい取り組みは、かつて盛んに行われたＣＩ（コーポレート・アイデンティティ）手法ですが、これは社名やブランド名、ロゴ、マーク、キャッチコピーなどを、デザインを含めて統一的に見直し、企業イメージを高めていこうとするものです。

バブル経済の時代には、CI事業に多額の費用を投入しながら単にデザインの一新に終わるケースも多くありました。しかし、必要なのはデザインに凝ることではなく、経営理念、「目指す顧客価値」、企業活動などを社内外に明確に示すということです。

経営トップの活動も、企業の広告塔として大きな役割を持ちます。劇団四季、都田建設、物語コーポレーション、そして本書の最後に紹介する本多プラスにおいては、経営トップの存在感が際立っています。そのほか、経営理念、「目指す顧客価値」を明確にする理念型のマーケティング・プロモーション活動を行ったり、社会貢献・地域貢献活動を実施したり、インターンシップを行ったりすることも、企業プレゼンスの向上に役立ちます。また、新聞、テレビ等に取材でとりあげられることがあればその効果は非常に大きいので、そうしたパブリシティを活用していく視点を常に持つ必要があります。

市場、社会における自社のプレゼンスを高めることとは、人材募集のためだけではありません。プレゼンスを高める活動を進めることで自社のありよう・見え方について常に意識するようになり、結果的に経営改革が進んでいくなど、企業活動全般においてプラスの作用がもたらされることが多いのです。「どのようにあるか」は「どのように見えるか」によって常に補強されていくのです。

あなたの会社には「ビジョン」があるか?

正社員の採用は、基本的には長期にわたる雇用を約束するものです。将来に向かっての中長期のビジョンがなければ、本来採用を行うことなどできません。しかし、中長期のビジョンを持たずに、おおよその採用人数を慣例やイメージで決めていたり、景気の変動によって採用人数を変える対応をしたり、あるいは欠員補充を中心に行っていたりする企業は実に多いです。

採用計画をつくる前提として、まず中長期のビジョンを描く必要があります。

中長期ビジョンは、将来のある時点において、どのようなビジネスを実現したいのかを言葉や数字、場合によっては「絵」で表したものです。これは、現状に縛られる必要はなく、「意志」や「希望」「感覚」によって導いていくものですが、成長初期の段階にある企業が描く中長期ビジョンは、「夢」に近いことが多く、成熟した企業では、中期経営計画の延長にある精度の高いものであることが一般的です。

いずれのケースでも、現状の諸条件を引きずってその延長線上で考えるべきではないことと、逆に、単なる夢ではなく一定の経営合理性を持つものでなければならない、という2つの点で注意が必要です。ただし「経営合理性」については、それに因われすぎて萎縮すべきではありません。

劇団四季では、「演劇のすばらしさ、生きる喜びを観客に届ける」ことを目指してきましたが、それは観客に受け入れられてのことであり、その証が観客の数となるので、初期の段階より観客数を大きく増やしていくビジョンを描いていました。

都田建設の場合は、「日本一感動を届けることのできる会社」を目指すと同時に、社員が集まって将来やりたいことを話し合った結果を1枚の大きな絵にしています。ここには、社員が将来やりたいと思うカフェや病院、教会、学校など、いろいろなサービスが具体的に描かれています。

物語コーポレーションでは、創業当初より、フードビジネスで多店舗展開することを想定していました。その際の小林社長の問題意識は、「フードビジネスに、『美学』『革新』『魂』『創造』『選良』を持ち込めるか？」というものでした。「選良」とは、「私たちが選良であり、その選良が革新に生きる」という強烈な気概と自負心を示すものです。

中長期ビジョンの形は様々ですが、いずれも将来に向けてのイメージや方向性を持っていたからこそ、活動のエネルギーが一定方向に収れんし、発展していくことができたと考えられます。

ビジョンがあればこそ人材像も明確化する

採用に関しても、中長期ビジョンを背景とすれば、その方向性が見えてきます。中長期ビジョンに対応する採用方針として、どのような人材をどのような形で採用・育成していくかの大雑把な内容を描く必要があります。

どのような職種が必要なのか、それは社員でまかなうのか、アウトソーシングで対応するのか、社員で行う場合、新卒を採用し育てていくのか、キャリア採用を行うのか、どのような専門技能・専門職種が必要なのか、年齢層・役職者の数のバランスをどのように考えるか、などの検討を行う必要があります。

新卒採用を行う場合でも、ゼネラリストとして採用するのか職種別採用を行うのかの検討は必要です。職種別採用が新卒３年以内の離職率を下げるという研究結果も出されています（「採用形態が新卒３年以内離職率に与える影響」２００７年12月、慶應義塾大学樋口美雄研究会）。職種別採用は、実践的で有力な採用方法と考えられます。

中長期の採用イメージとしては、物語コーポレーションの「採用の三角形」（１５５ページ）が参考になります。ここでは目指す年齢構成を三角形の概念で表し、現状とのギャップをキャリア採用と新卒採用で埋めていくというわかりやすい概略方針を描いています。

中長期ビジョンだけでは、近未来の経営に関する具体性が足りないため、３年程度の中期経営計画が必要になります。言うまでもなく、中期経営計画は、数字的な裏づけを持つものであり、中長期ビジョンと現時点とを実務的につなぐ機能を果たします。

中期経営計画は数字の裏づけを持っていますので、採用計画も当然予算を伴ったものになります。採用活動には様々な費用が発生します。ここで採用関連予算と採用予定職種・人数を具体的に決める必要があります。

ここで注意すべきことは、採用関連の予算はともかく、採用予定職種・人員について全体的な経費の増減に合わせて同じように増減させるべきではないということです。採用は長期にわたる課題なので、単年度の予算の変動に応じて計画を簡単に変えるべきではありません。

中長期ビジョンや中期経営計画は、不変ではなく、経営環境の変化によって変わっていく可能性を持ったものです。そのような変化するものをベースにおいた採用・育成計画が、意味のあるものなのかという考え方もあります。新卒については、そこそこの数を毎年採っておいて、そのときどきの必要性に応じてキャリア（中途）採用で補うのが現実的ではないかというものです。

しかし、やはり中長期ビジョン、中期経営計画に基づいた採用・育成を行うべきです。もちろん経営は「現実的」に考えていく必要がありますが、「現実的」というのは、目的達成の確率の高さをもってそう呼ぶべきであって、着手のしやすさ、オペレーションのしやすさを「現実的」と考えるべきではないのです。経営目的達成の観点からは、中長期ビジョン、中期経営計画に基づいた採用が「現実的」なのです。

また、経営において、たとえ間違ったビジョンや計画であったとしても、持たないよりは持っていたほうがよい結果が生まれるという側面もあります。これに関しては、経営戦略書などでしばしば引用される有名な逸話があります。

それはスイスでの軍事機動演習のときに起こった。ハンガリー軍の小隊の若い中尉は、アルプス山脈で偵察隊を凍てつく荒野へ送りだした。その直後に雪が降り始めた。降雪は2日間続いた。その間、偵察隊は戻ってこなかった。中尉は、部下を死地に追いやったのではないかと思い悩んだ。しかし3日目にその部隊は戻ってきた。彼らはどこに行っていたのか？どうやって道をみつけたのだろうか。彼らがいうには、「われわれは迷ったとわかって、もうこれで終わりかと思いました。そのとき隊員の一人がポケットに地図を見つけました。おかげで冷静になれました。われわれは野営し、吹雪をやり過ごしました。それからその地図で帰り道を見つけ出しました。それでここに着いたわけです」。中尉は、この命の恩人となった地図を手にとってじっくりとながめた。驚いたことに、その地図はアルプスの地図ではなく、ピレネーの地図であった。（『センスメーキング イン オーガニゼーションズ』カール・E・ワイク著、遠田雄志・西本直人訳、文眞堂、74ページ）

採用にあたって最も重要なポイントは、求める人材像を明確にすることです。求める人材像は、当然企業ごとに違います。あくまで自社の経営理念、「目指す顧客価値」、ビジネスモデル、経営戦略が前提となるからです。また、ゼネラリストとして一括採用するのか、職種別採用を行うのかによっても異なります。

いずれにしても、その企業の「目指す顧客価値」実現のために必要となる人材像を具体化していきますが、「目指す顧客価値」の実現を支えるビジネスモデルのなかで、中長期的にその人材にどのような機能を果たしてもらうかをイメージし、それを可能にする資質・能力を定義します。

図表15　「目指す顧客価値」とビジネスモデル、人材像の関係

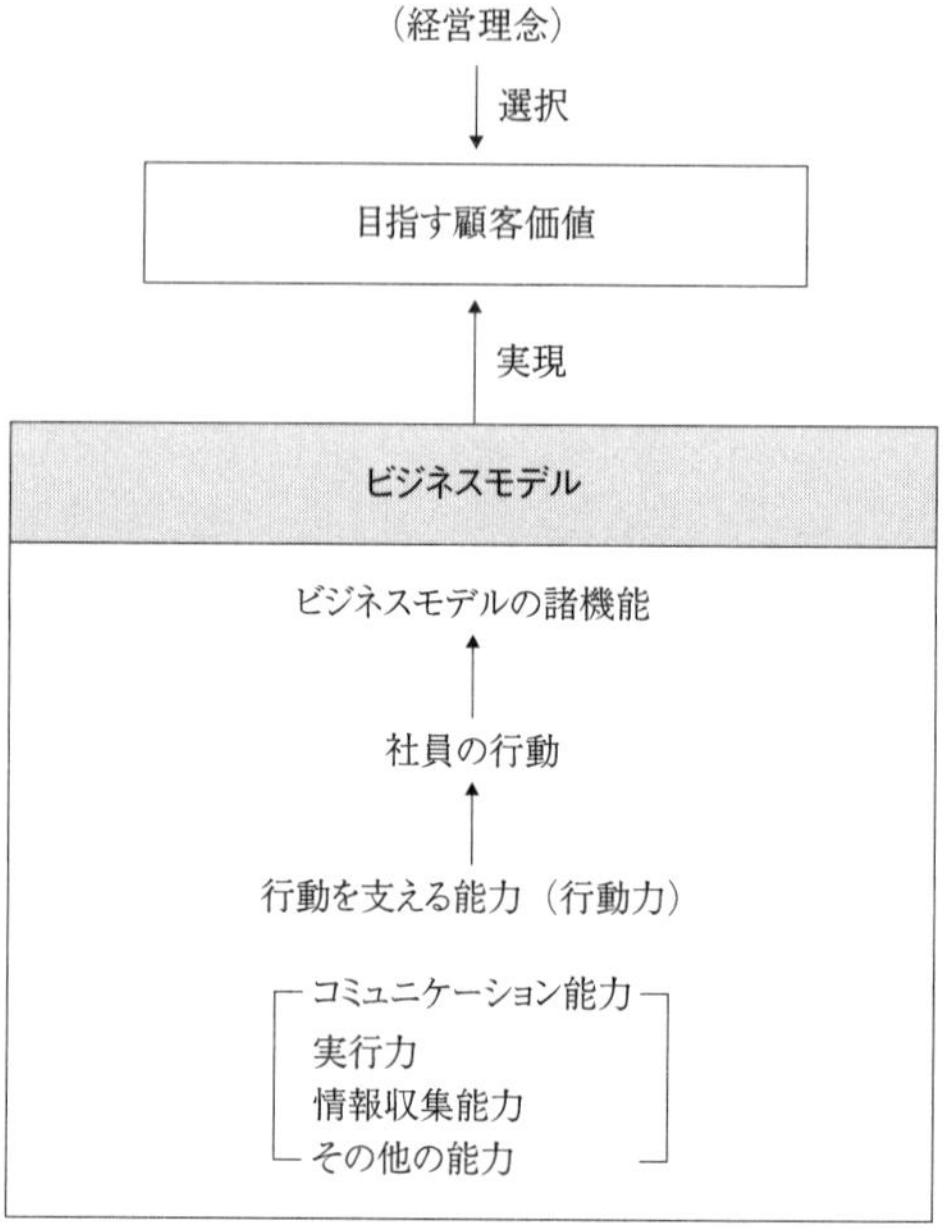

人材が果たすべき機能と資質・能力の関係について、最初から理論的に考えることがむずかしい場合は、社内で活躍している若手社員の資質、能力、行動特性（コンピテンシー）を抽出していきます。

ただし、現在の部署での役割・機能に限定して人材像を考えてしまうと、「目的・あるべき姿志向」ではなく、現在の延長で将来を考えていくことになってしまうので、注意が必要です。現状を踏まえつつも、考え方としてはあくまで「目的・あるべき姿志向」を貫くべきです。

もう1つの重要なポイントは、前回あるいは前々回の採用において、求める人材像を明確にして採用活動を行った結果、その人材像が適切であったかどうかの検証を行うことです。その人材像が現状に合っていたか、人材検証プロセスが十分に機能したか、採用時の評価と入社後の実態

にずれはなかったか、などです。つまり、前回あるいは前々回の採用結果についての検証を行いながら、求める人材像のローリング作業を行うのです。

これらの作業は、人事担当部署だけでなく、主要な部署すべてが参画して行う必要があります。それらを行った場合、採用改革はそのまま経営改革になっていきます。また、人材像にしても、その検証のあり方についても、借り物でないその企業独自の価値観・方法論をつくりあげていくことが必要で、そうすればそれを行わない他社とは必然的に差が生まれます。その差は、数年の間には圧倒的な企業力の差になって表れることになります。

なお、資質・能力の定義と検証方法については、後述します。

採用コアプロセスの設計

採用コアプロセスの設計にあたっては、プロセスごとの目的を明確にしなければなりません。その目的を達成するための最適な手段を、予算の範囲で設定することになります。また、プロセスごとの目的の達成度合いは、何らかの方法で検証できるようにしなければなりません。さらに、目的の達成度合いのほかに、費用対効果の点でも検証を行い改善につなげていくようにします。

採用コアプロセスは、これを遂行することが目的ではなく、有益な人材を獲得することが直接の目的です。したがって、これはという人材に出会ったら、そのプロセスを手順どおり行うのではなく、ときには途中から横道に逸れて特別な対応を取らなければならないときもあります。採用コアプロセスは、あくまで標準的な手順であり、目的達成のためにときには臨機応変さも必要であることを念頭に置いておくべきです。

なお、以下で説明する採用コアプロセスは、基本的に新卒を対象としたものです。

【見込み応募者（母集団）を求める】

まずはターゲットを明確にし、見込み応募者（母集団）を獲得します。

ここでの目的、課題は、自社のベクトルに合った見込み応募者を数多く獲得することです。この糸口がないと、その後のプロセスが非常に効率の悪いものになります。

「自社のベクトルに合った」ということと、「数多く」というのがポイントです。このプロセスの手法としては、インターネットを活用したいわゆる「就職活動ナビ」を利用することが一般的で、大手企業では大部分がこれを使用し、中堅企業でもこれを使うケースが多いと考えられます。

「就職活動ナビ」の欠点は、人気ランキング上位企業以外は、多くの企業群に埋没してしまう恐れがあることです。それでも、「数多く」を集めるうえでは威力を発揮します。しかし「自社のベクトルに合った」見込み応募者を集める機能は十分ではありません。また、「就職活動ナビ」は、費用負担が小さくないという欠点があり、中小企業にとっては利用しにくい面もあります。

物語コーポレーションの場合は、インターネット上の対策として、自社の特徴を示す概念で、かつ応募者が興味を持つ可能性のある「コンサルタント、スーパーバイザー、商品開発、成長企業」などのキーワードの設定を行っています。少しでも自社のベクトルに合った見込み応募者を集めるための対策です。

その他の入り口としては、合同会社説明会や大学にて開催される就職セミナー等のイベントへ出展し、学生と直接接点を持つという方法があります。それらのイベントは、その趣旨により、地元志向の学生、ベンチャー志向の学生、外国人留学生など、特徴を持った学生が参加するケースがあるので、自社のベクトルと合う内容のイベントを選んで出展する必要があります。

このプロセスでは、できる限り多様なルートを整備しておくことと、選んだ手段の費用対効果を検証することが必要です。どのルート、どの手段だと自社のターゲットに合った人材がヒットしやすいのか、費用対効果はどうだったかの検証を必ず行い、プロセスの改善を図っていきます。

採用は、人と人との出会いが出発点で、それを「ご縁」という言葉で表すこともできます。そこには、偶然や意図せぬ出会いなど、自社の力が及ばないところで物事が動いていく側面があります。場合によって、自社の実力以上の成果を得られることもあります。

出会いはできる限り幅広く求める必要がありますが、それはビジネスライクに運用される一般的なルートだけではありません。たとえば、口コミもあります。社員が知り合いに声をかけるというのは、その基本的な方法です。

全社員が、採用を重要事項と捉え、どこかによい人がいないかという目で周囲を見渡してみるというのは、「人材力向上活動」を行う企業の究極の姿です。その場合、社員1人ひとりが可能性や「ご縁」を広げるヒューマンパワーとなります。もちろん、そのような形で声がけをした人材についても特別扱いするわけではなく、正規のプロセスに乗せて可否を判断していきます。

なお採用の世界では、この見込み応募者を求めるプロセスを「母集団の形成」という言葉で表します。しかしこの表現に対しては、人と人との出会いを「マス」で捉えてしまう危険性を感じます。むしろ「ご縁を求めるプロセス」と考える必要があります。

応募者の絞り込みと動機づけ

このプロセスは、会社説明会、会社見学会などが具体的な活動で、自社について応募者に説明をするプロセスです。集合的な形で行うことが一般的ですが、ときには一対一で対応する場合もあります。

前項の「見込み応募者（母集団）を求める」プロセスでは、方向性としてできるだけ多くの出会い、ご縁を求めるというものでした。これに対し、「応募者の絞り込みと動機づけ」プロセスは、「自社に合う人材の入社動機を高める」ことと「自社に合わない人材が結果として去っていく」ことの2つを目的としています。具体的に行うことは次のとおりです。

【すり合わせ作業】

経営理念、「目指す顧客価値」などについて、つまり自社がどのような考え方で何を実現しようとしているかを説明し、理解を求めます。これは会社の基本的な方向性であって、これが応募者の価値観に合わない場合、入社しても長く続きません。これは理屈ではなく、志向性の問題であり、合う、合わないの問題なのです。したがって、このプロセスは「すり合わせ作業」となります。

もう1つのすり合わせ作業は、自社で働くことの現実についてのすり合わせです。この作業は、相当のエネルギーを要します。

応募者は、応募した会社について、自分なりにイメージを描いています。そしてそこで働く自分の姿も、何となくイメージしています。しかし実際に働いてみると、その実態は想像するものとは全く違うことが多いのです。応募した会社に対してよいイメージを描いていればいるほど、そのギャップは大きくなる傾向があります。

このギャップを事前に埋めておかないと、入社後、早期離職につながったり、離職しないまでも大幅なモチベーションダウンを引き起こしたりします。職種別採用のほうが離職率が低くなる傾向があると言われていますが、それは、働く実態がイメージしやすくギャップが生まれにくいからなのです。

具体的にはどのようにしているのでしょうか。

劇団四季では、「観る天国、やる地獄」であることを伝えます。

都田建設では、楽しさと厳しさが1対9であることを伝え、場合によって「やめたほうがいいよ」という警告を発します。

物語コーポレーションでは、店舗見学ツアーで働く現場を見せ、働くことの現実について、店長、副店長から生の声で包み隠さず伝えます。

働くことの現実は、通常は厳しいものです。それをできる限り正確に伝えることは、生半可な気持ちで応募している人材に対して、応募を思いとどまらせる効果があります。一方で、経営理念、「目指す顧客価値」に共感し、応募を真剣に検討している人材は、働くことの厳しい現実を正確に伝えた場合、逆に志望度があがる傾向があります。

人間は、重要な選択の局面で、あいまいなものを選ぶことはしません。たとえ厳しい内容であっても、より明確なものを選択する傾向性を持ちます。そして、事前に十分理解して納得した内容であれば、厳しい現実も受け入れることができます。

つまり、働くことの現実を正確に伝える行為は、生半可な気持ちの応募者を排除するとともに本気で応募している人間の志望度をあげ、かつ入社後のスムーズな就労を促進して離職率を下げるという一石三鳥の行為なのです。

2つのすり合わせ、つまり、「会社の基本的な方向性」と「働くことの現実」についてのすり合わせ作業は、本音ベースで行う必要があります。会社パンフレットやホームページに書いてあることを形式的に説明しても意味がありません。必要なのは、「本音」で「現実」を伝えることです。また、そのすり合わせは、「教育的な観点」で行うことをお勧めします。

「教育的観点」は、企業が採用にあたって社会人経験のない学生に対して一貫して取るべき姿勢です。自社の経営理念、「目指す顧客価値」とビジネスの実態、そこで働くこととは具体的にどういうことか、キャリアアップはどのような形で失敗するのかなどの内容について、その理由を含めて学生が理解できる形でレクチャーしていきます。もちろん一方的に説明するのではなく、応募者の疑問を1つひとつ潰していくつもりで行います。

就活は、学生にとって、企業や社会について学べるチャンスです。その局面で、単に情報を伝えるのではなく、実際に入社した新入社員に対して行うように誠実かつ教育的にレクチャーすることで、学生もわずかながらも成長するのです。それが企業として、応募してきた人材に対して与えることのできる付加価値であり、インパクトです。

そうした対応を取ることにより、そのなかの何人かが実際に入社に至ったときに、その後も一貫した流れで教育を続けていくことができ、学生もスムーズに社会人へ移行できるという副次的な効果も生まれます。また、応募者の志望度があがることも期待できます。

働くことの現実を伝えた参考事例

以下は、１９００年にイギリスのアーネスト・シャクルトン卿が南極探検隊員の募集を行った際の有名な広告の文面です。

「求む男子。至難の旅。わずかな報酬。極寒。暗黒の長い日々。絶えざる危険。生還の保証なし。成功の暁には名誉と賞賛を得る」

これだけの募集広告に５０００人が応募したとされており、募集広告の成功例として有名になりました。一読するとわかるように、よいことはほとんどありません。示されているのは苦しいことばかりです。しかし、趣旨と理念、目的、意義がはっきりと示されており、その旅のリアルな内容が明確にされています。だからこそ、多くの人が応募したという例です。

もう1つの事例は、地方の養鶏場の中途採用の人材募集についてのエピソードです。求人誌を担当し、採用広告をつくるために取材に行った伊藤秀一氏がその経験を書いています。

取材に行って愕然としました。（オス・メスを見分ける）鑑定士がオスのひよこを袋の中にどんどん捨てていきます。大きく育ててもらえるメスも、死ぬまでゲージの中で卵を産み続けて一生を終える。鶏舎の外には、死んでしまったにわとりの山積みになった姿もありました。それなのに社長は、「動物が好きな人が多いから、動物が好きな人を採用したいな」などと言うのです。「えっ？」

おまけに社員の人たちも、写真撮影となったら、大事そうににわとりを抱えて笑顔でこちらを向くのです。「何なんだ？　この仕事は？　この人たちは？？」

私には理解できませんでした。しかし、彼らには彼らなりの思いがあってこの仕事に真摯に向かい合っているのです。（中略）汚い現場であること、日常的に死に直面する仕事であること、雨が降ると臭いがこもって強烈に臭いこと。（中略）その現場の姿をそのまま伝えることが正しいと信じたのです。（『いい会社はどこにある？　いい人材はどこにいる？』伊

藤秀一著、PHP研究所、4～5ページ）

さんざん考えた末、伊藤氏が選択したのは、仕事の内容のすべてをリアルに伝えることでした。「現場の空気を原寸大でそのまま見せる。それを『いいと思える誰か』に向けて発信する」という決断です。結果的に、この養鶏場の募集広告は大きな反響を呼び、数十人が応募し、数年たっても誰も離職しなかったそうです。

資質・能力の検証から人物像へ

応募者の人物像を、限られた採用プロセスのなかで把握することは簡単ではありません。最終的に「採ってみなければわからない」部分は残ります。しかし、採用の確率を高めていくことは可能です。

三角測量では、2地点から対象地点への角度と2地点間の距離を測ることで、対象地点までの距離を求めることができます。その応用手法である多角測量という手法もあります。同じように、応募者の能力・資質を把握するために、できるだけ多くのポイントを違う角度から測り、応募者の人物像を推定していきます。以下が重要なポイントです。

＊検証ポイントをできるだけ多く設定することで精度をあげること
＊検証ポイントを評価するための自社の基準を持つこと（その基準は、社員の評価基準と矛盾

しないこと)

＊イメージで判断せず、事実で判断すること

＊自社なりの方法論を築いていくために、ＰＤＣＡサイクルを回していくこと

検証方法としては、書類審査、適性試験、面接が必要です。書類審査、適性試験、面接のどれをとっても、それによって人物像を完全に把握することは困難ですが、いろいろな角度から検証することによって検証の精度が向上します。つまり、確率があがるのです。

中途採用の場合は、職務経歴を確認する意味で書類審査は欠かせませんが、新卒採用の場合でも、基本的に応募者に関する情報は多いことが望ましく、エントリーシート、履歴書などでいくつかの重要なポイントをチェックし、面接でその内容を検証していきます。

適性試験も欠かせません。最近の適性試験は、非常に精度が増してきていると言われています。4年制大学の卒業者の学力レベルが想像を超えて低いケースもあります。学力チェックも最低限やっておきたいところです。

面接の目的は3つです。1つめが、必要な情報を提供し、応募者との価値観・方向性（経営理念・「目指す顧客価値」）や働くことの現実に関するすり合わせ作業を行うこと。2つめが、資質・能力を書類審査、適性試験の結果も参考にしながら検証・把握すること。3つめが、有益な人材の志望度をあげ入社に至らしめることです。

すり合わせ作業については前述しましたが、検証・把握については、検証したい事項に関連す

る過去の行動事実を確認していく、いわゆる「コンピテンシー面接」が有効です。イメージによる判断はあてになりません。なお、資質・能力の評価は社内の評価基準をベースにしますが、もしその尺度が新卒採用の場で全く参考にならないとしたら、社内の評価基準そのものが現実に合っていない恐れがあります。

志望度をあげ入社に至らしめることについては、経営トップや社内の有能な人材がこれにあたることが効果的です。またこの作業は、1つめのすり合わせ作業のなかでも行っていきます。経営理念、「目指す顧客価値」の実現を一緒にやっていこうと誘うこと、働く現実を伝えながらそれがどのように成長につながるかを説明することなどを通じて、応募者にとって自社がその人生を賭けるに値する場であることを納得してもらう必要があります。

ちなみに資質・能力については、いろいろなくくり方、定義の方法がありますが、ここでは経団連が規定している「志と心」「行動力」「知力」の3つのジャンルで考えていくことにします。

「志と心」は、志向性、価値観、人間性（素直さ・向上心……）などで、採用後に変化しにくい部分です。

「行動力」は、企業が「目指す顧客価値」の実現、ビジネスモデルの展開のために必要となる役割行動を支える能力です。代表的なものがコミュニケーション能力です。

「知力」は、基礎学力や論理的思考能力、専門的知識などを意味します。

以下、前述の内容と重なるところもありますが、いま一度これらの資質・能力の検証部分に重点的にスポットをあてて、考えてみることとします。

「志と心」

【モチベーション】

前述したように、採用活動にあたっては、今の若者が「働いて豊かになりたい」という工業社会的なモチベーションを基本的に持ち合わせていないことを前提に考える必要があります。就活生は、単にネームバリュー、人気ランキングに惹かれて応募しているケースも多いので、人気企業ほどこの点に留意すべきです。

一方で、就活に失敗して豊かな社会から脱落したくない、という消極的なモチベーションは共通的に持っています。しかし、脱落したくないという思いは、当然のことながら、就職することのモチベーションにはなっても、それがそのまま働くことのモチベーションにはなり得ません。

応募者は、会社に対する志望動機について、就活の短期的な準備期間のなかで様々な理由を構築してきます。しかしそれはあくまで頭で組み立てたものであって、多くの場合内発的な「志と心」ではありません。

志望動機が、明らかにランキング上位志向だけによるものや、脱落したくないという危機感から無理に組み立てたものである場合は問題があります。その場合は、経営理念・「目指す顧客価値」、自社で働くことの現実についての「すり合わせ作業」を行うなかで、面接する側も違和感を覚えるはずです。これは「志と心」のうちの、「志」の問題です。

「志」の部分にあまり重きを置かない企業も現実には多くあります。その場合でも、「心」については、検証・把握に努めるべきです。「心」の要素のうちの、重視すべきは「素直さ」と「向上心」です。この2つの重要性は、多くの優れた企業経営者が強調するところです。


【素直さ】


「素直さ」と「従順さ」は違います。「素直さ」は、ものごとを客観的に捉え、よいものはよい、悪いものは悪いと判断し、それを受け入れることができる資質であり、客観的な判断ができるかどうかが「従順さ」との違いとなります。「素直さ」を持つ人間は、自分自身についても、客観的に観ることができます。

「素直さ」のない人間は、往々にして「他責思考」を持ちます。前述したように、「他責思考」を持つタイプの1つは、「根拠なく他者を蔑視することで有能感、自己肯定感を得ている『仮想的有能感』を持つタイプ」です。「他責思考」とは、うまくいかなかった場合の原因を他者に求める傾向性を言いますが、この傾向性を持つと、組織で協調して仕事をすることや問題解決をしていくことが、基本的にうまく行きません。

「素直さ」がないと、「目指す顧客価値」を実現するための方法論について、懐疑的、批判的になりがちです。とにかく、受け入れてやってみるという姿勢が新入社員には必要で、これがないと成長ステップに乗ることがむずかしくなります。

「素直さ」を見極める最大のポイントは、自分自身を客観視できるかどうか、そしてその判断をもとに自分を変えることができるかどうかです。「素直さ」を持つ人間は、目の前に偶然起きる現実に対して、客観的に判断したうえでそれを受け入れることができます。その現実に関連して発生した仕事や役割についても、あまりストレスなく受け入れることができます。これが、「素直さ」を持つ人間が社会的に成功していく要因でもあります。

面接において、自分自身の性格や特徴について聞き、それに関連して過去にどのような事実があったかを掘り下げていきます。自己評価と過去の事実が違和感なく結びつくかどうかがポイントです。

都田建設では、「あなたの髪型や言葉遣いについて指摘を受けたら、どのように行動しますか?」「自分の魅力を3つ、弱点を3つあげてください」という内容の質問をして、それに対してどのような回答、どのような反応があるかを確認しています。

他責思考の有無を直接確認するには、過去の失敗事例などについてダイレクトに質問する方法も有効です。過去の失敗の原因を尋ねた場合、環境や他者にその要因を見出す傾向性があればその人物は要注意です。失敗事例には必ず自分自身にも何らかの原因があるはずであり、それが客観的に評価できている場合は問題ないと言えます。

【向上心】

「向上心」を持たない若者の割合が、近年増加していると思われます。その背景には、「働いて豊かになる」という社会に共通するはずのモチベーションが薄れている現実があります。また、「本当の自分」は固定的で変化しないと考えるある種の宿命主義が広がっていて、がんばって成長するという考え方にリアリティを感じない層が増えつつあることも影響していると考えられます。

「向上心」のない人材は、自ら学んだり新しいことにチャレンジしたりすることが少ないので、教育効果が小さく、組織にとって「有益な人材」となることは困難です。

「向上心」があれば、過去ならびに現在において何らかの目標を置いてがんばってきた事実が必ずあるはずです。つまり、「がんばった具体的な行動」とその結果として「何らかの成果」があるはずなので、その動機・いきさつを含めて面接において確認していきます。

一定レベル以上の大学に入ったことが行動・成果として評価できることもありますが、最近では推薦入試やAO入試などの入学方法もあり、必ずしも「がんばった具体的な行動」に対する「成果」でないこともあります。

「成果」は、金看板的なものである必要はありません。「行動」も、日常レベルの小さな行動が重要です。人間の行動は、感覚的に言えば9割が意識的でない行動、つまり習慣化されたものです。よい結果を継続的に出していく人間は、習慣化されたよい行動の蓄積を持っています。小さな努力を継続的に行っていくという行動特性は、入社後においても再現性が高く、中長期的に見れば大きな成果に結びついていきます。

小さな行動は、本人もあまり意識していないことが多く、それを確認するのはむずかしいのですが、ある目標に対して、過去・現在において日常的に積み重ねてきた「小さな行動」とその「成果」について、面接においてはできる限り聞くようにしていきます。

【ストレス耐性】

今日的な課題としてあるのが、「ストレス耐性」です。近年、若者・子どもたちは、物心ついた頃から「顧客」として扱われ、親や教師からのプレッシャーもなく育ってきたケースも多いので、軽い叱責などに対して全く耐性のない場合があります。一般的にはストレスに結びつかないような軽い現象に対しても、それをストレスと感じて精神的ダメージを受ける場合があります。

ストレス耐性については、適性試験を行いその結果も参考にすべきですが、面接においては、都田建設の手法が参考になります。

都田建設では採用面接において、「この半年間で、あなたが涙を流すほど感動したことはありますか」「この半年間で、あなたが涙を流すほど悔しかったことはありますか」と質問します。これは、応募者が「感動体質」であるかどうかを確認するための質問ですが、これによりストレス耐性についてもある程度推測できる可能性があります。

正常な喜怒哀楽の感情は、ストレスフルな様々な現象に対して心のバランスを回復するための一種の浄化作用と見ることができます。つまり、正常な喜怒哀楽の感情を持っていれば、ある程度のストレス耐性を持っている可能性があるということです。喜怒哀楽の感情が確かにあると感じられること、そこに一定のバランスが存在すると感じられることがポイントです。もちろん、これだけで結論づけることはむずかしいのですが、判断材料の1つとします。

「行動力」

「行動力」については、「目指す顧客価値」、ビジネスモデルとの関連で考えます。

企業が社員に期待する役割行動は、「目指す顧客価値」、ビジネスモデルによって異なります。役割行動が違えば、役割行動を支える能力である行動力も当然違ってきます。

経団連のアンケート調査によれば、新卒採用にあたって重視する能力のなかでコミュニケーション能力をあげる企業が年々増加しており、2010年にはその割合が8割以上となっています。他の能力に比べて圧倒的に高い水準です（85ページ）。

国際化、サービス経済化が進むなかで、社員の役割行動として、対顧客、対組織の両面で高度なコミュニケーション能力が求められるようになってきました。その結果、採用においても、必然的にコミュニケーション能力が重視されることになります。ただし、コミュニケーション能力は非常に幅広い概念で、この言葉を安易に使うことで採用におけるミスマッチが発生する恐れもあります。

企業が重視するコミュニケーション能力は、一定の結果を出すことを目的として様々な立場の人々と意思疎通を図り、一致できない点があった場合は何らかの解決を図っていく能力です（1

02ページ)。企業が社員に期待するコミュニケーション能力を、具体的な要素に分解してみると、例えば以下のような内容になります。

*相手の考え、気持ちを理解する能力
*相手に自分の意見、考えを的確に伝えることのできる能力
*交渉し調整する能力
*言葉、文章を使ってものごとをわかりやすく説明する能力
*異なる意見を集約する能力
*異文化を理解する能力
*英語などの外国語を使う能力
*情報を収集する能力

これらの能力は、現在の経済環境下で、企業が事業を進めるにあたって社員が持つべき根幹的な能力の1つであり、業務の推進力そのものに近いと思われます。一部リーダーシップの要素も含んでいます。

一方、すでに見たように最近の若者・子どもたちが持つとされるコミュニケーション能力は、少しニュアンスが違います。若者・子どもたちの世界のコミュニケーション能力は、結果を出したり対立点を解消したりすることが目的ではなく、組織内でメンバー間の均衡を図っていくことを目的とする能力です(102ページ)。企業が求めるコミュニケーション能力と、若者・子ど

もたちが持つとされるコミュニケーション能力には、このようなずれがあるのです。

採用の局面において、採用担当者は応募者のコミュニケーション能力があるかどうかを必ずチェックすると思われます。その際、以下のような特徴があると、コミュニケーション能力に関してプラスの評価を下すと思われます。

＊あいさつがきちんとできること
＊説明の上手さ
＊グループワークにおける仕切りのうまさ
＊質疑応答における受け答えの的確さ
＊言葉の聞き取りやすさ
＊見た目の明るさ

このような内容は、もちろんプラス評価すべきものです。しかし、企業が求める広義のコミュニケーション能力の一部にすぎないと思われます。これらをもって、コミュニケーション能力全体を推し量ることがないようにしなければなりません。

若者・子どもたちのコミュニケーション能力は、一般的には、親密圏あるいは彼らの小さな世界で通用する能力です。それらの能力は、企業において十分通用するものもあれば、そうでないものもあります。

また、働く世界によってもその能力が通用するかどうかは違います。一種の小宇宙を形成しているような一部の大企業や企業グループでは、そのなかだけで主に通用する独自の価値観やコミュニケーション形態が存在する場合もあり、そのような閉じた世界では、親密圏あるいは若者・子どもたちの小さな世界で通用してきたコミュニケーション能力がそのまま通用する場合もあります。

一方、外に開かれた「吹きさらし」の中小企業の現場においては、親密圏・小宇宙でのみ通用するコミュニケーション能力は、ほとんど役に立たないと思われます。

これまで内向きの傾向があった企業でも、外国への進出や、新分野進出にあたって新たな企業連携を図っていくなどの動きが活発化しています。人事政策面においても、一層の優秀さと異文化の要素を求めて、外国人留学生の採用を積極化するなど、閉じた世界を打ち破っていく方向性を持ち始めています。

そもそも大企業であっても、小宇宙に安住できる状態にはありません。京セラのアメーバ経営は、組織を少人数の部門（アメーバ）に分けてアメーバごとの創意工夫と採算管理を徹底する独特の経営技法ですが、京セラのように組織やプロジェクトごとの独立採算制を徹底して、「吹きさらしの中小企業化」に取り組む大企業は数多くあります。

図表16は、企業の求めるコミュニケーション能力と若者の持つコミュニケーション能力のずれを示すものです。親密圏において主に通用するコミュニケーション能力は公共圏において通用しにくい面があるため、重なり合う部分、つまり若者の能力がそのまま企業で通用する部分は全体

図表16 コミュニケーション能力のずれ

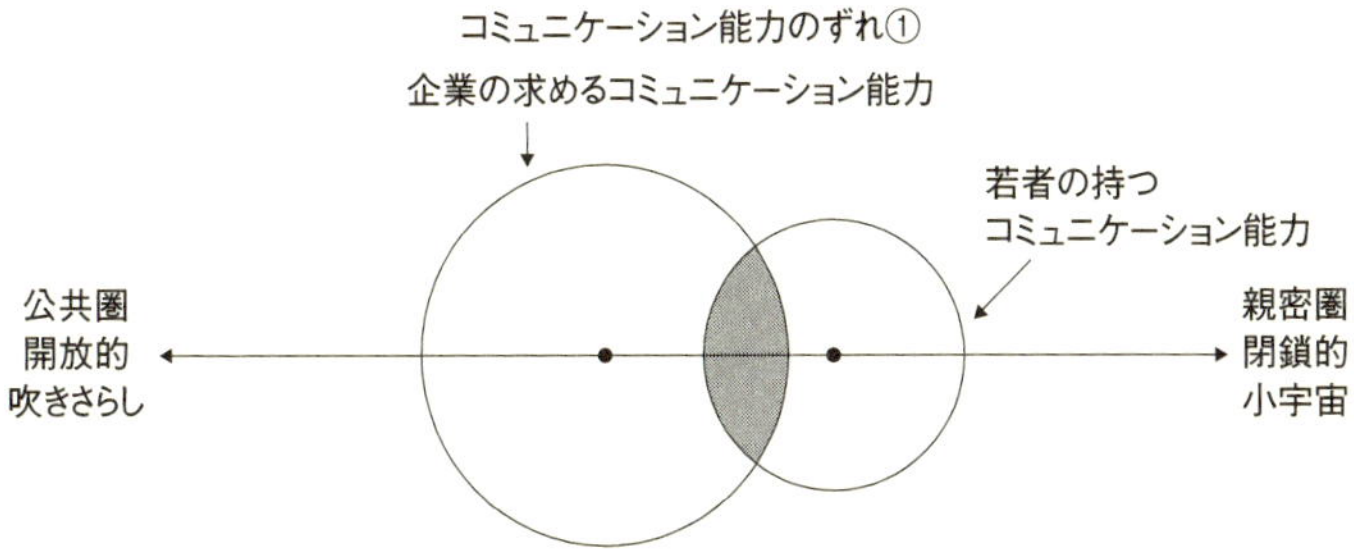
コミュニケーション能力のずれ①
企業の求めるコミュニケーション能力
若者の持つ
コミュニケーション能力
公共圏
開放的
吹きさらし
親密圏
閉鎖的
小宇宙

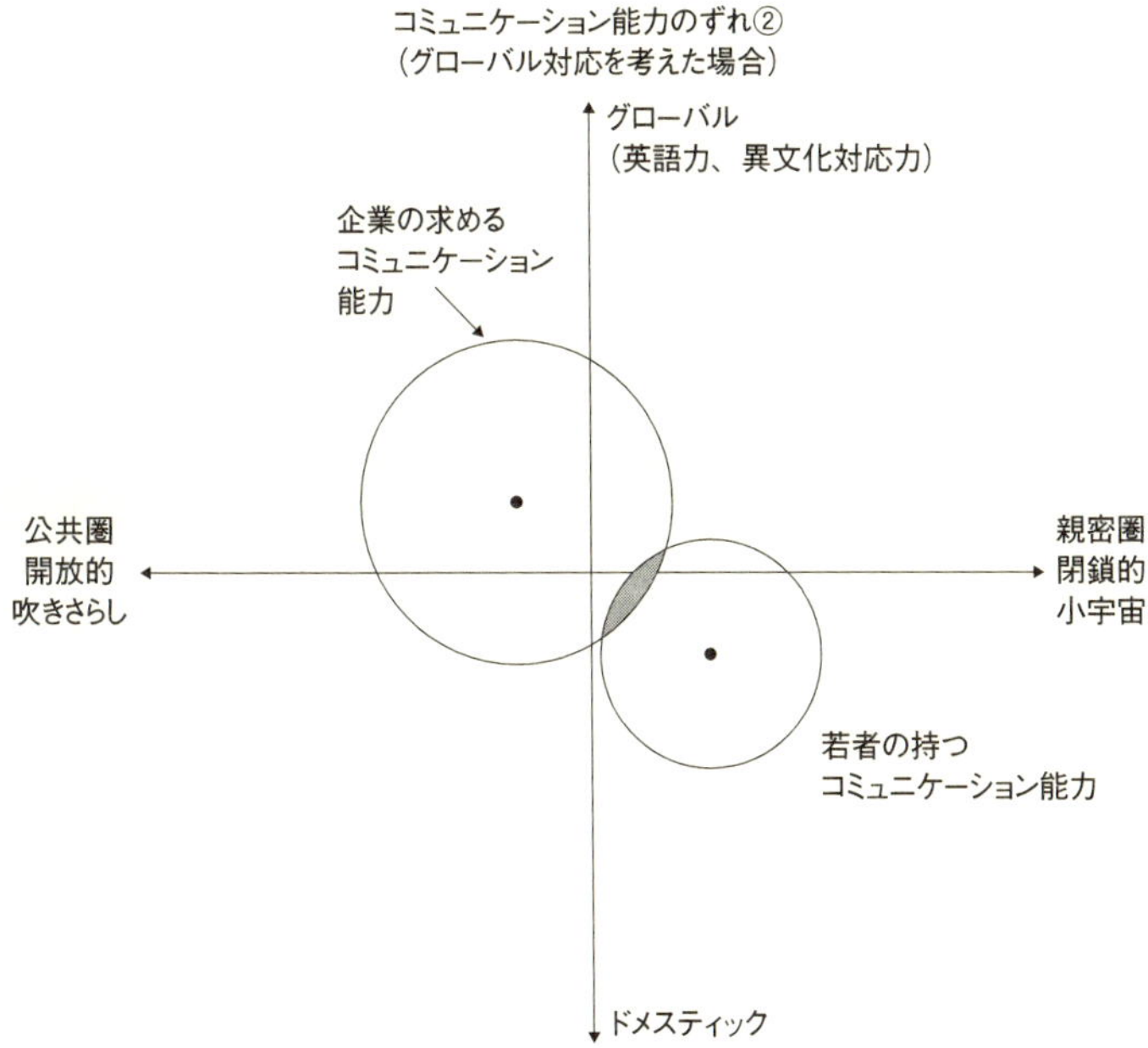
コミュニケーション能力のずれ②
（グローバル対応を考えた場合）
グローバル
（英語力、異文化対応力）
企業の求める
コミュニケーション
能力
公共圏
開放的
吹きさらし
親密圏
閉鎖的
小宇宙
若者の持つ
コミュニケーション能力
ドメスティック

の一部になります。そしてグローバル（英語力、異文化対応能力など）／ドメスティックの軸を縦軸に入れて考えると、そのずれは拡大し、重なり合う部分がさらに小さくなることを示しています。

このようなずれの存在を認識し、間違った能力評価を行わないようにしなければなりません。そのための対策として、採用の場においては、コミュニケーション能力という言葉を極力使わないことです。コミュニケーション能力という抽象的な概念を、具体的な場面における具体的な行動を取ることのできる能力と置き換えたうえで検証を行います。

具体的な場面・行動の例

・初対面の人間と率直に話すことができるか
・電話で新規顧客とのアポイントを取ることができるか
・顧客に製品の機能をわかりやすく説明することができるか
・相手の気持ちや意思を理解することができるか
・聞き（傾聴）上手で、相手の話を引き出すことができるか
・外国語（英語）が使えるか
・外国人と気後れなく会話できるか
・外国に1人で出張しても、気後れせずに行動できるか

・会議でプレゼンができるか
・会議で反対意見をきちんと言えるか
・報告・連絡・相談がこまめにできるか
・上司になったときに部下にわかりやすく指示を出すことができるか
・その他

ごく初歩的な能力から高度なものまでありますが、実際に働く現場を想定して、それができそうかどうかという観点で面接・面談を行う必要があります。模擬的にロールプレイングに近いやりとりを行う方法もあります。ある外資系のアパレルチェーンでは、採用面接を実際の店舗で行い、そこで接客応対の簡単なロールプレイングを行うそうです。

こうした具体的な行動を取ることができるモデルとして、社内の有能な若手社員を想定し、その能力・行動を基準に比較するとわかりやすくなります。また、すべての能力を検証することはできないので、重要な能力、コアな能力に限定して検証を行います。

検証すべき重要な能力、コアな能力については、「面接シート」にそれを判断した根拠とともに記録しておきます。そして、入社後の一定時期に、面接の際の判断が正しかったかどうかを検証していきます。こうしたことを繰り返すことで、自社の独自の確認ポイントと検証方法を確立していくのです。

また、採用活動を標準化し独自の方法論を築いていくために、面接・面談についてはできるかぎりスクリプトを用意して説明や質問にばらつきが出ないようにしなければなりませんし、さらに面接・面談を行うスタッフに対しては、一定の教育訓練を行う必要があります。

なお、アルバイト経験をどう評価すべきかという問題があります。学生によっては、就活の際に自分を語る題材として活用することを目的として、アルバイトの職種を選んでいるケースもあるようです。

学生の代表的なアルバイト職種においては、前述したようにマニュアルが整備されていて、アルバイト経験がマニュアル遂行経験以上のものでないケースも多いのです。アルバイトを数多く経験したとしても、必ずしも豊富な社会経験には該当しない可能性もあるので、アルバイト経験の評価については、具体的にどのような役割を担って、どのような行動事実があり、どのような成果があったかという内容まで踏み込んで行わなければなりません。

「知力」

「知力」は、知的ポテンシャルを表します。そのなかで、基礎学力は大きな要素となります。大学進学率が急激にあがった結果、「漢字がほとんど書けない」「簡単な算数ができない」「主要先進国の首都も知らない」といった4年制大学卒業生もいます。学力があまりにも低い場合は、当然業務に支障をきたします。

応募者の基礎学力については、企業の人気度合いによってそのレベルが変わります。人気企業へは、いわゆる偏差値レベルの高い大学からの応募者が集まります。これは、社会現象なので、致し方ありません。

偏差値レベルの高い大学の場合、一般的にはある程度の学力が期待できますが、最近は推薦入試、AO入試の割合が増えているので、必ずしも大学名だけでは学力レベルがわからない面もあります。また基本的な問題として、いわゆる「学力」はあっても、それ以外の知識や常識が極端に少ないケースもあります。こうした状況から、学力、知力を確認する意味で適性試験等によるチェックを行うことが必要になります。

一般的な学力もあるに越したことはないですが、本当に必要なものは、ものごとの本質を考え抜く力、独善ではなく自分なりに論理展開していく能力、つまりコンセプチュアルスキルです。

ビジネスは、最後は理屈がものを言う世界です。例えば、店の売り上げは、客数×客単価、という要素に分解でき、客数を決める要素は、客単価を決める要素は、といった具合に論理展開できます。自分なりに論理展開していくことができると、常識に捉われない柔軟な思考も可能になります。

こうした能力については、適性試験の結果も参考にしながら、面接において、抽象的なテーマ、社会問題に関するテーマなどで議論してみるのも有力な方法です。

人物の総合判断

資質・能力の評価は、以上のように、書類審査、適性試験、面接・面談の3つの方法を組み合わせ、いくつかの検証ポイントを確認していくことで進めていきます。

要約しますと、その要素である「志と心」については、基本的な志向性、働くモチベーション、素直さ、向上心を見ていきます。「行動力」については、「目指す顧客価値」・ビジネスモデルとの関連で、具体的な場面を想定して、特定の役割行動を取ることができるかをイメージしていきます。その際、「コミュニケーション能力」という概念は、誤解を招く恐れがあるので使わずに、もう一段掘り下げた具体的な行動を取ることのできる能力について検証するようにします。「知力」について、一般学力が、非常に低い場合は問題がありますが、そうでなければ一般学力的な知識よりも、ものごとを論理的に捉えていくコンセプチュアルスキルがあるかどうかを重視し、確認していきます。

あくまでこのような検証が前提であり、印象による判断は避けるべきです。

最後に、分析から統合へ、部分から全体像をまとめる作業があります。最終的には、スペックではなく、人物の総合判断になるからです。

人物の部分的な要素の複数の検証結果を踏まえ、その人物の基本的な志向性や、内発的な「思考パターン」「行動パターン」の原型のようなものをできる限りイメージしていきます。そして、そのイメージが一定の人物像として結実するかどうかがポイントです。

人物像が固まり、会社の現場で働く姿がイメージできる場合は、その人材は、会社にとって「有益な人材」になる可能性が高いと思われます。そのイメージの人と一緒に働いてみたいと思えるかどうかも重要なポイントです。

イメージが一定の人物像として結実しない場合は、本心と全く違う志望動機をつくっていたり、「自分定義」を無理矢理行って実態と違う人物像に自分自身を当てはめていたりする可能性があります。そうした人物を採用した場合は、入社後にいろいろな矛盾が現れる可能性が高いと考えられます。

採用内定期間の組み立て

「マリッジブルー」ならぬ「内定ブルー」という現象があります。一般的に、学生は就活において無理な「自分定義」を行い、慣れない公共圏においてハードな就職活動を行うので、大なり小なり反動は必ずくるのです。

また、採用が内定し就活を終えるということは、ランキング志向によって企業を選択している学生にとってはさらに上位の企業の可能性が消えるということになるので、それをあきらめるための気持ちの整理が必要になります。気持ちの整理がつかない学生は、可能性を求めてさらに上位ランキングの会社への活動を続けることになります。親密圏から抜け出し、「吹きさらし」の公共圏に向かうことに対する根源的な不安も、内定を契機に現れてきます。

学生と社会人の間には、ギャップがあります。少なくとも、学生から見たらそれはとてつもなく大きなものです。ほとんどの学生は、世間の荒波にもまれた経験がないので、学歴、見た目、話しぶりは立派であっても、実社会へ出ていくことには往々にして精神的にストレスを負います。入社後ゆっくりと時間をかけて教育し、徐々に社会生活に慣れさせることができるゆとりのある会社以外では、内定期間を少しでも社会への適合を図るための準備期間としなければなりません。

内定期間に考えるべきテーマは、直接的には「内定辞退防止」「プレ社員教育」「社会への適応準備」の3つで、これらのテーマは相互に関連します。

物語コーポレーションは、内定後、ウェブ上での内定者掲示板の開設、内定者の懇親会、3回の内定者合宿（10月に開催する合宿は内定式を兼ねる）などを行います。内定者合宿においては、会社の理念、考え方、働く掟などについての教育を行います。これらの活動は、先にあげた3つの目的を同時に達成していく効果があります。

また、最近の若者は自己肯定感を持続させるために、親密圏の他者からの自己承認を必要とする傾向があります。就活においては特に親族から「自分の選択が正しかった」という承認を与えてもらうことで、いくらかでも不安が解消し、入社へのモチベーションが高まることがあります。企業としては内定者の親族に挨拶状や社内報を送るなどして、会社への理解度を高めてもらう必要があります。社内報を、入社後の一定期間継続して親族に送る事例もあります。これは、間接的な早期離職防止対策にもなります。

内定期間中に企業が行うべき活動を整理すると、以下のような内容になります。

＊間隔をあまり空けずにコンタクトを取ること
＊内定者間のコミュニティをつくること
＊社会人としての基礎教育を先行的に行うこと
＊会社の経営理念、「目指す顧客価値」、働くルールなどについての教育を行うこと
＊内定者の意識を社会人モードに変えるための物理的な時間・空間（懇談会、合宿など）を設定すること
＊内定者の親族等への情報提供・フォローを行うこと

内定期間の組み立ては、社会人としてのスタートがうまく切れるかどうかに影響を与える重要な要素です。この時期に行うこれらのテーマに沿った活動は、企業の人材投資活動のなかで費用対効果の高いものになると考えられます。

「機能集団」と「共同体」のマネジメント

入社後、新入社員はすぐに教育を受けることになります。このとき、どのような教育をどのような順番で行うかが問題となります。教育は、組織マネジメントと密接に関連するテーマであり、この観点から教育の問題を考えていく必要があります。

組織マネジメントには、２つの側面があります。１つは機能集団としてのマネジメントであり、

もう1つは共同体としてのマネジメントです。

機能集団としてのマネジメントについては、組織の役割・機能、人材に期待される役割行動・能力基準、評価・フィードバック、教育によるレベルアップなどがそれに関連する要素になります。一般に組織マネジメントと言えば、機能集団としてのマネジメントを指します。

しかし、組織マネジメントは、機能集団としてのマネジメントだけではありません。会社組織は、人間の集まりである以上、100パーセント機能集団、つまり論理的に動く集団にはなりきれないからです。

組織には共同体としての側面が必ずあります。一般に共同体とは、地縁・血縁などにより結びついた古くからの組織形態を指しますが、そこには理屈を超えた掟やそれを破った場合の厳しい罰則などが存在します。

強い組織は、当然機能集団としてのマネジメントは徹底して行うとともに、外部からは見えにくいものの共同体としての要素を認識しそのマネジメントをも行っています。掟のように守らなければならないルールで大切にすべき価値観を明確にし、それを短い言葉にまとめたものを繰り返し唱和することなどを徹底しています。

劇団四季においては、「セリフは台本に書かれた文字を一言も省略することなく正確に発音し、観客に届けること、歌う場合は音程のど真ん中を歌うこと」という掟があります。

都田建設では、社長を含め社員全員が互いに愛称で呼び合うこと、毎朝出勤したときに自分より早く出勤している社員に対して必ず名前を呼んで大きな声であいさつをすること、顧客からクレーム等があった場合、連絡があってから1時間19分以内に必ず現場に到着すること、入社後1年間は、どんなことを言いつけられても0・3秒で気持ちよく「ハイ」と言うこと、などの基本ルールがあります。

物語コーポレーションでは、スマイル&セクシーな「物語人」の人材像、行動規範が明確に定義され、様々な機会を通じて徹底されています。

共同体としての側面が強すぎると様々な弊害が生まれますが、かといってその側面が弱すぎると組織を制御していくことがむずかしくなります。共同体としてのルール・掟は、機能集団としての理論と矛盾したものであってはならず、むしろそれを強化するものであることが必要です。例示した3社では、いずれもその原則が貫かれています。また、共同体のルール・掟は、当然、法令や社会的な規範に反したものであってはなりません。企業においてときどき発生する不祥事は、こうした点に反する共同体としての明文化されていないルール・掟が原因であることが多いと考えられます。

「理念」と「掟」と「躾」

新入社員に対して、最初に行うべきは、経営理念、「目指す顧客価値」の再確認、共同体のルール・掟、さらには働くことの基本ルールの徹底です。最後の働くことの基本ルールとは、あいさつをきちんとすること、遅刻をしないこと、掃除のしかた、などの躾《しつけ》に関わる部分です。

これらの基本事項、つまり「理念」と「掟」と「躾」は、入社後、現場に配属になる前に真っ先に徹底して行うべきものです。最初に行っておけば何でもないことが、時間が経過してからだと徹底することがむずかしくなります。入社後の最初の段階、できれば3日以内に行うべきです。

理念の教育のなかで、企業の歴史を教えることも重要なポイントです。企業の創業初期段階の歴史には、経営理念が形成される過程や「目指す顧客価値」が明確になっていくプロセスがあります。それらに関するわかりやすい様々なエピソードも隠されているはずです。

前述したように劇団四季では、四季芸術センター施設の中央にメモリアルルームを設置しています。劇団四季の創設の礎となり、故人となった俳優や劇団スタッフの写真を13枚掲示し、それらの人々の命日に線香をあげてその功績を偲びます。このメモリアルルームの存在と意味については、入団した劇団員には最初の段階で説明するとともに、故人の命日には全国の四季劇場にもファックスでインフォメーションを流し、その場で功績を偲んでほしい旨の連絡が入ります。

都田建設では、その発展の初期段階で、「この家を燃やしてほしい」と顧客に言われるほどの深刻なクレームを経験しています。この事故への真摯な対応を原点として「日本一品質レベル、感動レベルの高い会社になろう」と誓ったことが、現在の都田建設の出発点になっています。そしてこの原点は、社員と関係するすべてのスタッフに共有されています。

物語コーポレーションではその創業の初期において、小林社長自身のリーダーシップの失敗と挫折を体験しています。そこを出発点として、スマイル&セクシーという理念をつくりあげ、リーダーシップを確立していく小林社長自身の「自分物語」、そしてそこから展開される「会社物語」が発展の歴史であり、創業の原点とともに常に語られています。

これらのエピソードは、いわば共同体としての「創世記」です。共同体のマネジメントを行うにあたって、企業は自身の「創世記」を大切にし、次世代に伝えていく必要があります。それを伝えるタイミングは、新入社員教育の最初のステップである「理念」と「掟」と「躾」を教える入社早々の段階です。

なお、職務能力や業務知識に関する教育は、時間をかけて行っていくことになります。ただし、現場に配属されたときに最低限の振る舞いができるようなレベルにはしておく必要があります。

入社後3年間ですべては決まる

【配属】

入ってくる新人をフォローできる体制をつくり、そこに新入社員を配属することが基本です。サポート体制を考えずに配属を決める会社がありますが、早期離職の確率が高まるばかりか吸収の早い初期の段階における教育機会を逃すことになるので、絶対に避けるべきです。

新入社員を配属するのは、フォロー体制をつくったうえであることが前提であることに加えて、部下指導ができる上司のもとに置くことが基本です。有能な新入社員であればあるほど、有能な上司のもとに置かなければなりません。ひととおり現場を経験させるという考えで、フォロー体制も有能な上司もいない現場に新入社員を放り込む例がありますが、少なくとも会社の中枢で使っていきたい新入社員の場合は、こうした対応を取るべきではありません。社会人になって最初に学ぶことは、その後の職業生活の基礎になるからです。また、手本にすべきでない先輩・上司を見て悪い癖がついてしまうと、その後の修正がむずかしくなります。

【入社後半年間】

入社後半年間は、継続的な教育・フォローアップを行わなければなりません。ポイントはフォローアップです。この半年間は、内定期間の半年間とあわせて学生から社会人に変わっていくための移行期間と捉えることができます。

都田建設も物語コーポレーションも、通常のOJTに加えてフォローアップのための特別な研修や面接の機会を設けています。

この期間は、これまで公共圏に対しては無関心に近い状態にあった若者が、公共圏の最たるものである会社で働くというショッキングな環境に置かれることにより、精神的に不安定な状況に陥りやすい期間です。また、内閉化傾向にある若者は、不安定な自己肯定感を持続させるために、親密圏の他者から絶えず自己承認を与えてもらう必要がありますが、社会人への準備・移行期間にある新入社員も、当然何らかの自己承認を必要としています。

こうした状況から、1か月に1回程度は、会社という組織の先輩あるいは上司から、何らかの形で承認を与える必要があります。その承認は誉めることとは違います。存在そのものを認める、あるいは存在そのものをケアするというきわめてプリミティブな行為です。存在に向かい合うことが大切で、そこで話す内容にあまりこだわる必要はなく、むしろ新入社員の話を「聴く」ことが中心になります。

新入社員である若者は、会社という公共圏のなかで、極端に言えば自己が存在しているかどうかの確信が持てない状況にあります。そこで、会社を構成している人々、共同体メンバーから、面談などのコミュニケーションを通して自分の存在そのものが認識され、認められているという実感、つまり自己肯定感を持つ必要があるのです。

もう1つ忘れてならないのは、最近の若者は「自分らしさ」「個性的な自分」「自分のやりたいこと」などに強いこだわりを持つ傾向があるということです。一般的に、学生は就活において無理矢理「自分定義」「やりたいこと探し」を行い、それを会社に主張したうえで入社を認められているケースが多いのです。その結果、「自分のやりたいこと」が承認されたと錯覚しがちです。その思いが簡単に否定されてしまっては、「約束が違う」という感情が湧いてきても不思議ではありません。

新入社員に対する面談の場などにおいて、このこだわりを頭ごなしに否定することは危険です。「やりたいこと」をやれるようになるには様々なルートがあること、そこに至るまでに共通的・基礎的なスキルを身につける必要があることなどを丁寧に説明すべきです。そうした説明は本来採用面接の段階で済ませておくべきですが、それがなされていないケースも多くあります。

物語コーポレーションでは、学生・社員に対して「自分らしさ」や「個性的な自分」にこだわることを勧めていますが、働き方としては入社後一定期間は店舗で働くことが前提であることが十分説明されており、その点での行き違いがなく、結果として社員の高い定着率につながっています。

なお、採用における判断ミスで、本来採るべきでない人材を採ってしまうこともあります。仮想的有能感を持ち、うまくいかないことについては他責思考で片付け自己反省が全くないタイプや、学生時代に公共圏の他者に対して存在すら関知してこなかったのと同じ状態で、会社の上司や先輩に対して何の遠慮もなく自分がどのように思われるかについて想像力も働かせないタイプなどが世の中には存在します。

そのようなケースにおいては、今後そうした採用をしないための反省は必要ですが、一方で入社後半年間が修正を行う唯一のチャンスと考え、会社としてそれらの人材の改革に全力で取り組むべきです。この場合、掟と躾は絶対です。ルール・掟違反は言うに及ばず、仕事に対する基本姿勢や考え方のなかにも入って、正すべきところは正していきます。これは通常の社員教育ではなく、むしろ機能集団・共同体を守るための危機管理と捉えるべきです。

ここは、会社としての本気度が問われる局面です。早期離職やパワハラと言われることを恐れて穏やかな対応を取ることは、改革のチャンスを逃すことになります。もちろん、人格否定のパワハラは厳禁ですが、行動を正しいものに修正することや仕事に対する姿勢・考え方を正す指導は教育の範囲です。

この会社において、最低限このルールややり方を守らなければ存在が許されないということを理解させ、自分自身を改めるか、会社を辞めるかというところまで追い込んでいかなければ改革の実効性はあがらず、その後長期にわたり会社も本人も苦しむことになります。

【入社後3年間】

入社後半年間を経過すれば、社会人としての最低限の自己肯定感は得られるものと思われます。そこで、定期的なフォローアップを打ち切っていいかと言うと、それには問題があります。例えば2～3か月に1回程度に頻度は落としても、入社後3年間は、フォローアップは依然として続けるべきです。ただしその内容は、「存在そのものの承認」から能力開発やキャリア面における承認へとシフトしていきます。

最近の多くの若者は、「働いて豊かになりたい」というモチベーションをあまり持ち合わせておらず、キャリア教育の影響もあって、「やりたいこと」を仕事にすること、仕事をすることで成長を実感できること、を働くことの主要なモチベーションとしています。その場合、生活の手段ではなく自己実現の手段として仕事を捉えており、それが期待できない場合、非常に不満や不安を高まらせます。そうした不満や不安は次の表現に典型的に表れています。

「いまここで働く自分は職業的なスキルや経験を何一つ積み上げていないのではないか、人生にとって全く無意味な日々を耐え忍んでいるだけなのではないか、という恐怖にも似た気持ち」（『仕事漂流　就職氷河期世代の「働き方」』稲泉連著、プレジデント社、11ページ）

「ほったらかし」にしないことが最低限必要です。面談においては若手社員の話を「傾聴する」ことが中心になりますが、そのなかで能力面での評価・承認や、今後のキャリア展望やレベルアップについてのアドバイスなどを行います。

物語コーポレーションでは、入社3～4年間の定期的な研修・フォローアップや4年後の海外研修などをうまく組み合わせて実施しています。

採用マネジメント効果の検証

採用活動を改善していくためには、採用の面におけるPDCAサイクルをまわしていく必要があります。

先にも述べたとおり、採用時点での評価点と実際に各部署に配属された後の評価については、相関関係があるのは2年程度で、その後はあまり関係がなくなるという一般的な見方もあります。

いずれにしても、採用の改善を行うためには採用プロセスごとの結果を計測可能なデータにしていく必要があります。

もう1つのポイントは、あらかじめ採用プロセスに「失敗」を組み込んでおく必要があるということです。採用というマッチング作業は、必ずしもうまく行くとは限りません。強い「他責思考」「仮想的有能感」を持つタイプや、「素直さ」がなく自分自身が変化することを受け入れないタイプを採用してしまった場合などは、教育を行ってもなかなかうまく行きません。こうした採用の失敗については、採用のどこで判断を間違ったのか、面接シートやその他の記録なども確認してその失敗について検証し、採用プロセスの改善に役立てるべきです。

その一方で、あらかじめ社員の「退出」に関する考え方を決めておく必要があります。離職率が高すぎるのは問題ですが、あまりに低いのも問題です。業種にもよりますが、年間離職率が5パーセントから10パーセント前後であれば正常の範囲内とみなす考え方もあります。これについても、自社の考え方を整理しておく必要があります。

全社が参加する採用に関する改善活動は、経営改革そのものにつながっていきます。新卒についての採用活動は、当然1年単位の活動になりますが、このサイクルに人事制度の改善や経営改革そのものを加えていく必要があります。

採用活動を戦略的、組織的に行った場合、企業内部における変化は比較的早い段階から静かに始まります。社員の行動に変化が現れたり、能力、スキルが向上する社員が増えてきたりします。社員の意識が変わることで、業務の効率化が進む場合もあります。こうした現象を、「採用マネ

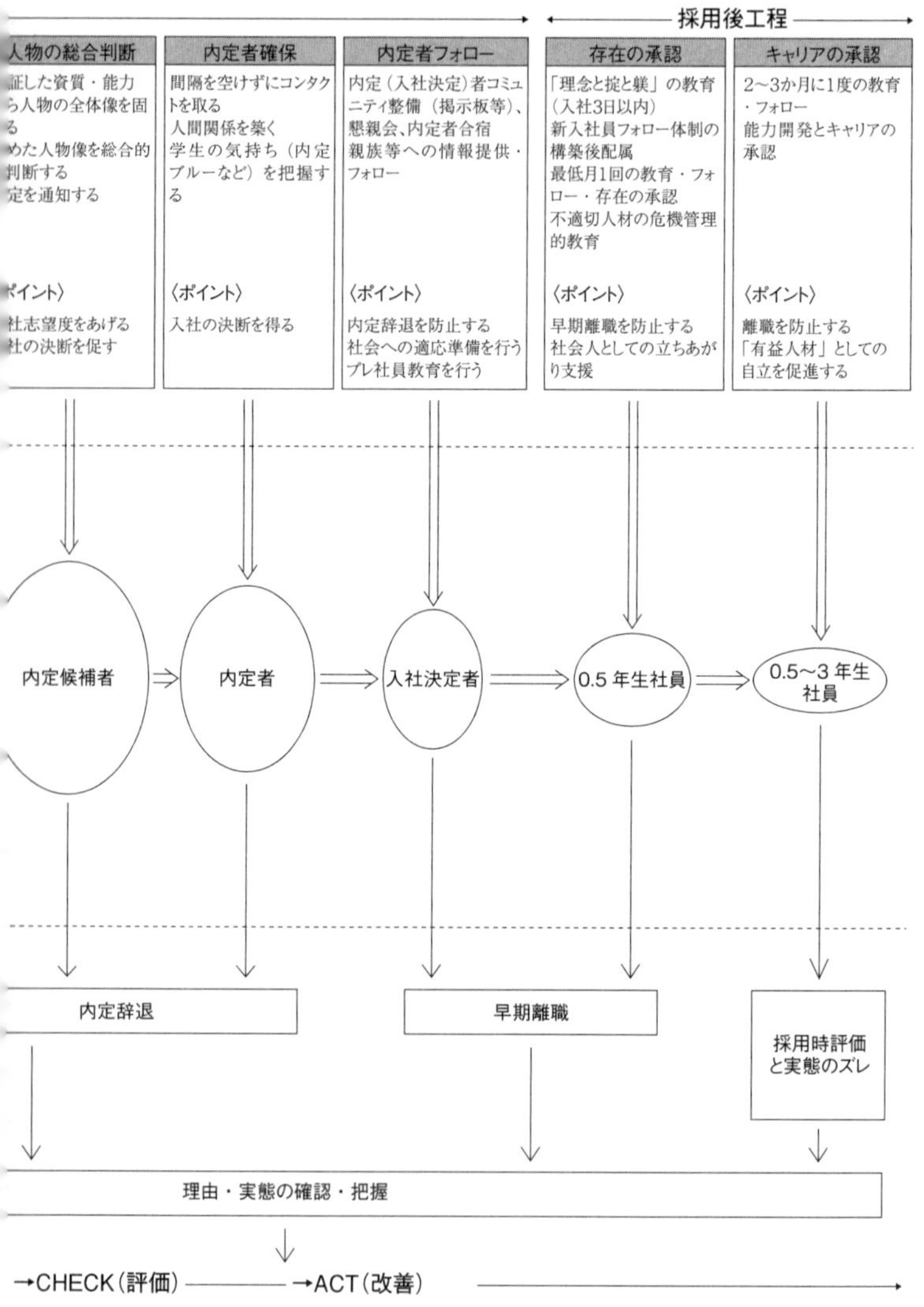

採用後工程
人物の総合判断
証した資質・能力
ら人物の全体像を固
る
めた人物像を総合的
判断する
定を通知する
ポイント〉
社志望度をあげる
社の決断を促す
内定者確保
間隔を空けずにコンタクトを取る
人間関係を築く
学生の気持ち（内定ブルーなど）を把握する
〈ポイント〉
入社の決断を得る
内定者フォロー
内定（入社決定）者コミュニティ整備（掲示板等）、懇親会、内定者合宿
親族等への情報提供・フォロー
〈ポイント〉
内定辞退を防止する
社会への適応準備を行う
プレ社員教育を行う
存在の承認
「理念と掟と躾」の教育（入社3日以内）
新入社員フォロー体制の構築後配属
最低月1回の教育・フォロー・存在の承認
不適切人材の危機管理的教育
〈ポイント〉
早期離職を防止する
社会人としての立ちあがり支援
キャリアの承認
2〜3か月に1度の教育・フォロー
能力開発とキャリアの承認
〈ポイント〉
離職を防止する
「有益人材」としての自立を促進する
内定候補者
内定者
入社決定者
0.5 年生社員
0.5〜3 年生社員
内定辞退
早期離職
採用時評価と実態のズレ
理由・実態の確認・把握
→CHECK（評価）
→ACT（改善）

図表17 採用プロセス概念図

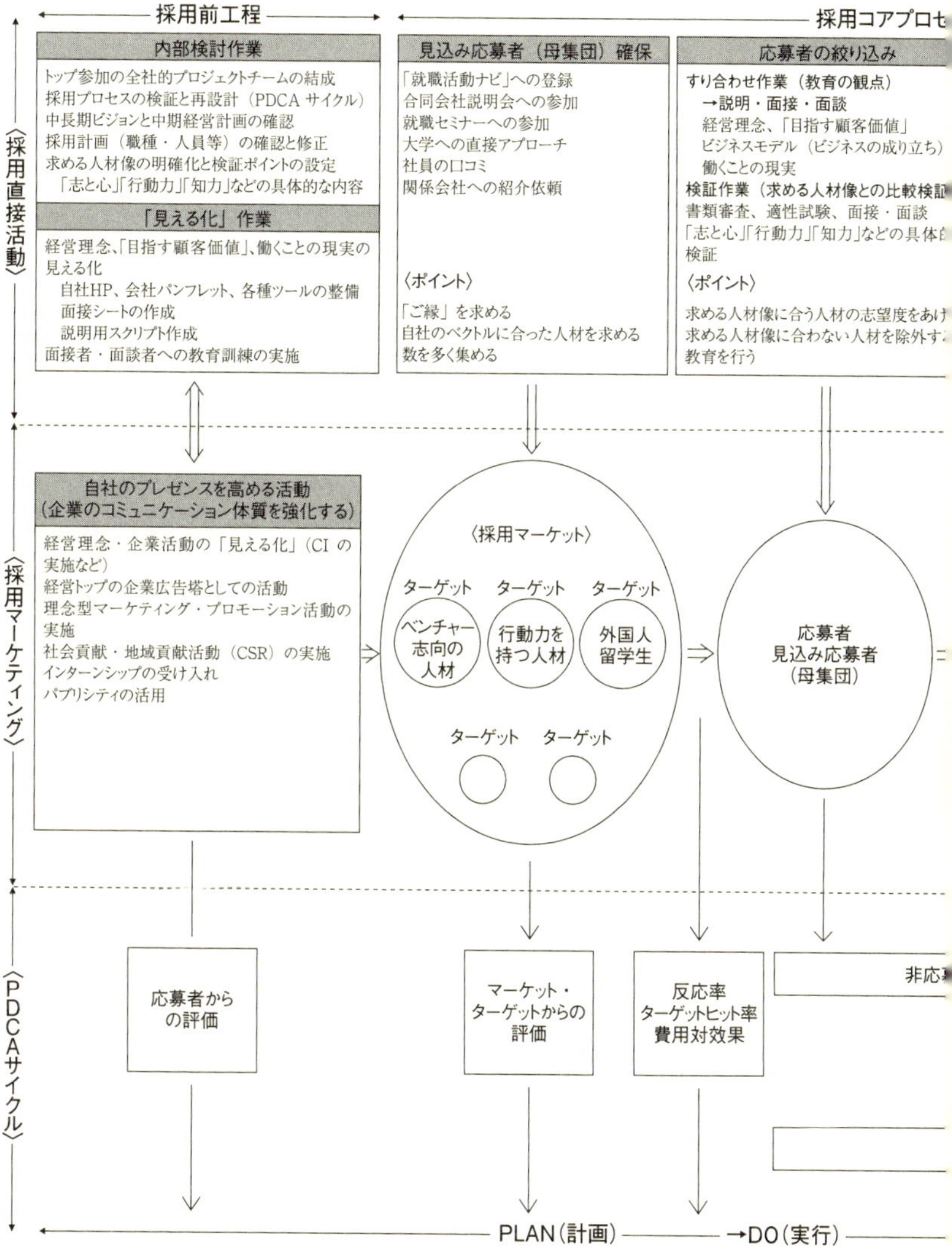
採用前工程
採用コアプロセ
〈採用直接活動〉
内部検討作業
トップ参加の全社的プロジェクトチームの結成
採用プロセスの検証と再設計（PDCA サイクル）
中長期ビジョンと中期経営計画の確認
採用計画（職種・人員等）の確認と修正
求める人材像の明確化と検証ポイントの設定
「志と心」「行動力」「知力」などの具体的な内容
「見える化」作業
経営理念、「目指す顧客価値」、働くことの現実の見える化
自社HP、会社パンフレット、各種ツールの整備
面接シートの作成
説明用スクリプト作成
面接者・面談者への教育訓練の実施
見込み応募者（母集団）確保
「就職活動ナビ」への登録
合同会社説明会への参加
就職セミナーへの参加
大学への直接アプローチ
社員の口コミ
関係会社への紹介依頼
〈ポイント〉
「ご縁」を求める
自社のベクトルに合った人材を求める
数を多く集める
応募者の絞り込み
すり合わせ作業（教育の観点）
→説明・面接・面談
経営理念、「目指す顧客価値」
ビジネスモデル（ビジネスの成り立ち）
働くことの現実
検証作業（求める人材像との比較検証
書類審査、適性試験、面接・面談
「志と心」「行動力」「知力」などの具体
検証
〈ポイント〉
求める人材像に合う人材の志望度をあげ
求める人材像に合わない人材を除外す
教育を行う
〈採用マーケティング〉
自社のプレゼンスを高める活動
（企業のコミュニケーション体質を強化する）
経営理念・企業活動の「見える化」（CI の実施など）
経営トップの企業広告塔としての活動
理念型マーケティング・プロモーション活動の実施
社会貢献・地域貢献活動（CSR）の実施
インターンシップの受け入れ
パブリシティの活用
〈採用マーケット〉
ターゲット
ベンチャー志向の人材
ターゲット
行動力を持つ人材
ターゲット
外国人留学生
ターゲット
ターゲット
応募者
見込み応募者
（母集団）
〈PDCAサイクル〉
応募者からの評価
マーケット・ターゲットからの評価
反応率
ターゲットヒット率
費用対効果
非応
PLAN（計画）
→DO（実行）

ジメント効果」と呼ぶことができます。

採用ブランド力のない中小企業であっても、年度計画に基づく本格的・体系的な採用活動に取り組んだ場合、有益な人材を獲得できる可能性がありますが、そうした直接的な効果に加えて副次的な採用マネジメント効果も期待できます。

手間もかかり一見遠まわりに見える採用という活動が、企業経営を深いところから変え、新たな活力をもたらす最短距離となる可能性があります。特に改革に向けての体系的な取り組みを行うゆとりのない中小企業は、採用を軸としたマネジメントサイクルを構築することで、長期スパンのよい循環を実現し、企業風土に変化を起こすことを考えるべきです。

第8章　経営理念をDNAにする

――本多プラスの事例

「他人のやらないことをやる」

本多プラスの事例は、企業の戦略的方向性と人材投資の関連の点で参考になります。人材投資の結果が予想以上に早く現れることの実例でもあります。

本多プラスは、愛知県新城市に本社と主力工場を置く社員数約160名、売上高約35億円の中小企業です。ブロー成形により化粧品容器や様々なプラスチックケース、パッケージ類を生産しています。製品開発・試作を行い、製造用機械の一部や金型まで自社製造するブローラボと、デザインを担当する東京クリエイティブオフィスを有していることが特徴で、デザインから金型まで一貫して自社で対応できる機能を持っています。

法人化して以降、第2期目を除き黒字経営を続けて連続24期増収を果たし、リーマンショックの影響を受けてその後の2期はわずかに売上が落ち込んだものの、2011年6月期には大幅増収を果たしています。結果として法人化以降、ほぼ直線的に年率10パーセントの成長を続けてきました。

本多プラスの経営理念は、「他人《ひと》のやらないことをやる」で、これは本多克弘社長の考え方です。独立独歩にこだわり、下請け企業にはならないという意志を貫いてきました。実際にトヨタ自動車系の部品メーカーから相当量のウォッシャータンク発注の相談があったときに、自動車メーカー系列の下請けになることを恐れてその依頼を断るなど、きわめて特徴的な理念型経営を行ってきました。

法人化後、基本的には増収を続けていますが、対象マーケットは常に変動し主力製品は変遷を重ねてきました。その活動はマーケットの変化を追いかけ、あるいは先取りするものでした。その意味で、本多プラスの経営は、理念を重視したものであると同時に、きわめて戦略的な活動を行うものでもありました。

デザイン、金型の内製化と高付加価値

戦略的方向性は、会社経営の陣頭指揮を本多克弘社長の長男である本多孝充専務に実質的に引き継いで以降、鮮明になっていきます。

本多孝充専務は、「他人のやらないことをやる」精神をＤＮＡとして受け継ぎながら、とりわけデザインすることにこだわり、美しいもの、カッコイイものをつくりたいという強い思いがありました。この思いが根底にあって、入社してすぐに、自社の玄関、事務所、その他のデザイン

図表18　本多プラス株式会社　売上高の推移

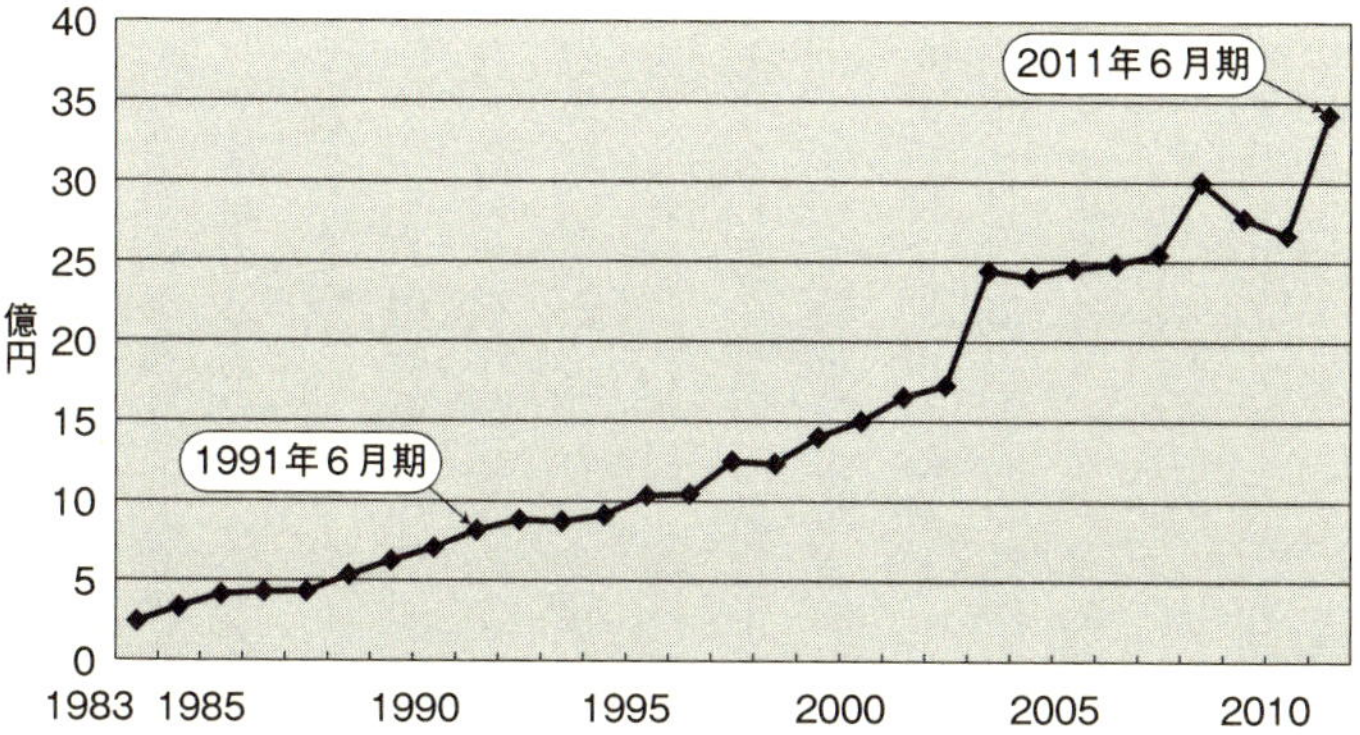

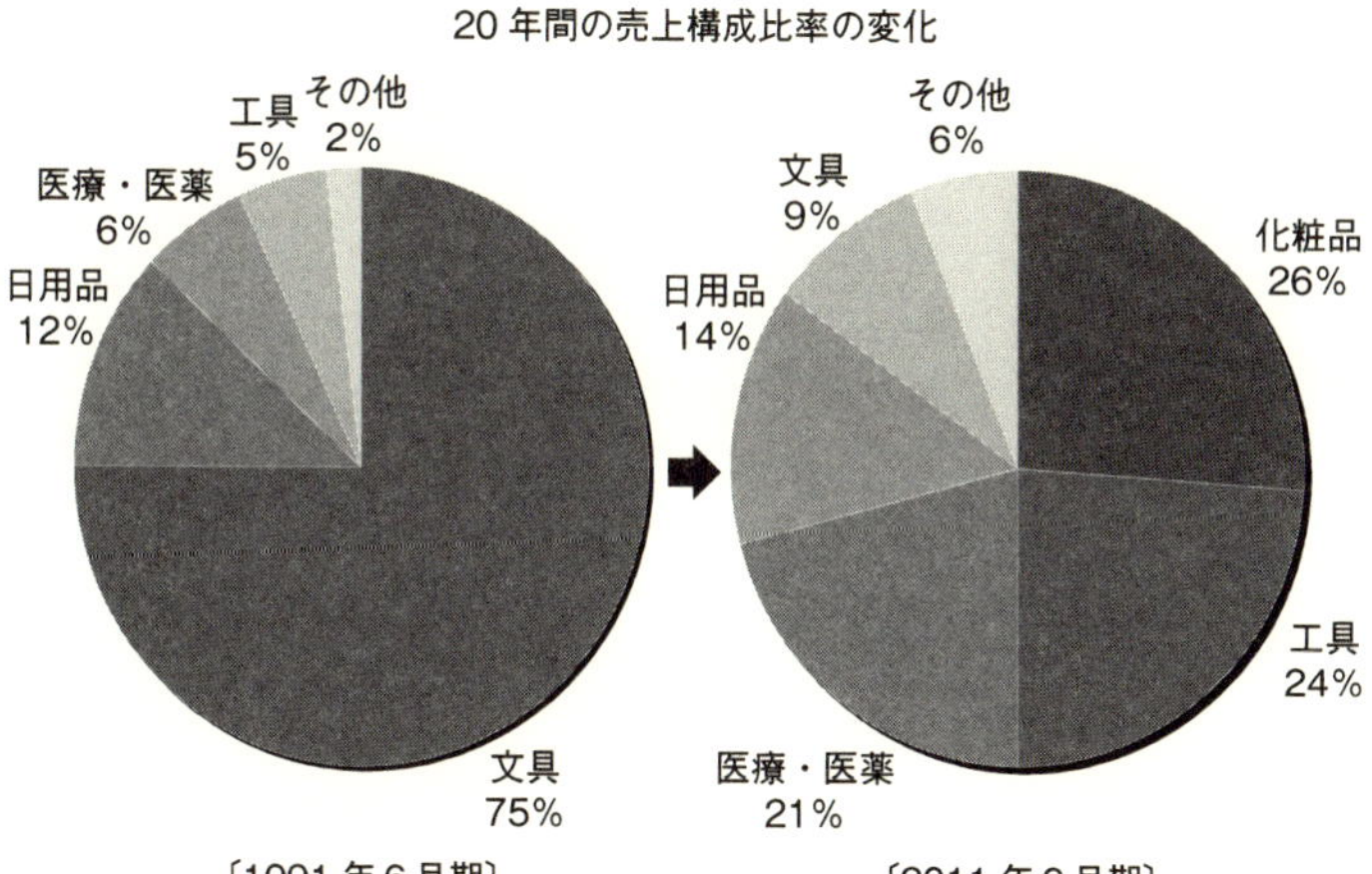

を一新しました。

また、修正液ボトルなどの「文具」の売上が全体の7割を占めていたことにも強い危機感を覚え、製品分野の多角化の必要性を痛感しました。

そして検討の結果、「ブロー成形を使って世の中に付加価値の高い、新しい『形』を届ける」ことを成長戦略のテーマとして選びました。そのためにはまず、「付加価値の高い、新しい『形』」をつくる機能を持つ集団・チームをつくる必要があります。本多孝充専務は、外注ではなく、自分たちでそれができるようになりたかったのです。

当然時間がかかることを覚悟のうえで、デザイナーを自社で育成する戦略的な意思決定を行いました。これは、化粧品のボトルやケース、文具、アクセサリーなどの製品デザインを自社で行ってしまおうという野心的な取り組みです。従前の定形品や発注される仕様に従っての生産が中心では、やがて営業的に行き詰まってしまうという判断によるものですが、中小製造業が独自に消費財に関するデザイン機能を持つというのは、きわめて希なケースです。

もう1つは、金型製造や新製品開発を行うためのブローラボの開設です。日本の製造業の流れは低コストを求めての海外移転であり金型製造機能の主要な部分が中国等に移転しつつあるなかで、そうした流れと逆行するように内製化の方向を選択しました。

高付加価値の新しい「形」は多品種小ロットであり、ハイレベルな製造技術を必要とします。海外生産はこれに適さないと判断したのです。そして、様々な「形」を自在に生み出していくためにも、自社で金型技術を持つ必要がありました。

人材投資を最重要視

本多プラスの戦略を整理すると、「プラスチック小物ブロー成形は、化粧品ボトルに代表されるようにきわめて高度にデザイン化し、多品種少量化する。その際、デザインする力とそれを金型から製造する能力、そして小ロット製品の短納期化が勝負となる。ここに人材投資をして内製化し、高付加価値路線で徹底して差別化を図っていく」というものです。

この決断により、従来東京営業所として設置していた事務所を、2005年からデザイン機能を持つ東京クリエイティブオフィスに変更しました。また精密機械部の位置づけであった旧本社工場を07年にブローラボに組織替えし、ここを拠点に従来一部行っていた金型製造の本格化、新製品の開発・試作、製造用機械の自社生産の強化を始めました。

一方で、本多孝充専務を先頭として、人材確保のための活動を積極的に行いました。2004年からは全国を対象としたデザイナー職を含めた新卒採用に踏み切り、就職活動ナビに登録し情報発信した結果、初年度に約2000人のエントリーがありました。新卒採用は、現在採用の柱となっています。

現在東京クリエイティブオフィスには、4名の新卒採用、1名のキャリア採用の5名のデザイナーが勤務しています。デザイン業務に参入後まだ期間は短いのですが、すでに大手デザイン事務所や大手広告代理店と競合するデザインコンペにも勝って受注に至る、という実績をあげています。なかでも新卒採用第1号のデザイナーは数多くの実績をあげ、その製品が日本パッケージデザイン大賞2011の金賞を受賞しています。

常に「目指す顧客価値」を問い続ける

本多プラスの「目指す顧客価値」は、「パッケージのデザインと機能によって顧客の製品売り上げに貢献する」というものです。

デザイン機能を持たない場合、顧客への貢献は、指示された仕様のもとで「1円でも安くつくる」というコストカット面が中心となります。本多プラスのデザインによるパッケージを使用した場合、売上が従来製品の何割か増加するという現象が頻繁に起きますが、これが本多プラスの「目指す顧客価値」で、デザイナーのミッションもそれを実現することにあります。

本多プラスでは、デザイナーはそもそもデザインだけをやる職種ではなく、価値ある新しい形を「実現」するのが仕事です。そのため、製造現場と生産に関する調整も行います。本多プラスのデザイナーは、初期の研修において金型技術についても徹底して教え込まれるため、製品の形の美しさだけでなく、製造面における合理性も考慮できるようになります。見方を変えれば、金型設計・製作を行う社員とデザイナーは、同じ付加価値を生み出すチームとして共同作業をしているとも言えます。

このように、金型からデザインまでを一貫して行うことで、「パッケージのデザインと機能によって顧客の製品売上に貢献する」ことが社内の経営資源のみでできるようになりました。デザイナーは営業活動も行います。客先で行うのは「価値観のすり合わせ」であり、コンサルティングです。顧客の問題解決に貢献するのがデザイナーのミッションであり、「形を描く」ことがミッションではありません。

現在の本多プラスのデザイナーはすべて若い女性ですが、顧客の売上をあげること、売場で消費者（女子高生、ＯＬ、主婦……）が喜ぶことを顧客とともに一生懸命考えます。ハート型のパッケージ、鏡がついたパッケージ、見たこともない形のペンなど、消費者が喜ぶこと、クチコミがおきそうなこと、販売スタッフも楽しくなることなどを考えながら、パッケージを生み出していきます。

本多プラス人材ビジョン

本多プラスの人事政策や採用活動は常に経営戦略と一体です。新たなマーケットの開拓活動と連動して、新たな組織・機能の整備と採用活動を行っています。中小企業でゆとりがない分、ぎりぎりの対応をせざるを得ないのです。

本多プラスは、リーマンショックも乗り越えて順調に売上を伸ばしていますが、以前の売上構成そのままで回復したわけではありません。工具ケースなど、リーマンショック前にそれまでの

3割以上を占めた売上が激減し、それに代わりデザイン性の高い化粧品ボトルなど多品種少量で高付加価値の製品がその減少分を補って、合計で売上・利益を回復したのです。

20年の長期で見ると、売上構成はさらに劇的に変化しています。1991年当時、75パーセントを占めた文具の割合が、2011年には9パーセントにまで激減し、化粧品、工具、医療・医薬の各分野がバランスよく構成されています（229ページ、図表18）。

また、デザイナーと同時期に全国を対象とした就職活動ナビを活用してキャリア採用した営業責任者は、入社後まだ年数は浅いものの、新規分野の売上づくりに大きく貢献し、本多プラス営業の柱となっています。

デザイン、金型製作、営業など人材面における戦略的な対応を取っていなければ、売上は大きく落ち込んだままであったと考えられます。戦略と一体となった人材面での対応を行うことで、市場の変化に何とか対応できたのです。

こうした変化は、振り返ってみれば非常に合理的でわかりやすいものですが、それを実行している時点においては、経営者にしても暗中模索であり、また社員にとってはきわめてわかりにくいものでした。その結果として、一部社員の強い反発を招き、新しい方針に共感できない管理者・社員の退社を招くことになりました。

本多プラスは2006年に「本多プラス人材ビジョン」を策定し、全社員に経営者のメッセージとして発信しています。これは、戦略の転換が社員にとってわかりにくく、大きな反発を招いたことへの反省から行ったもので、内容としては、経営理念の確認からはじめ、新たな戦略的方向性の説明、求める人材像の明確化を行ったものです。あわせて、これまで同様にものづくりの現場が原点であり、その原点をこれからも大切にしていくことを強調して、変化に対するアレルギーを和らげています。

ここにその一部を紹介します。

社員の皆様へ

1．本多プラスの経営理念

「他人（ひと）のやらない事をやる。」これが本多プラスの社是です。この言葉は、独自技術で世界のオンリーワン企業を目指す本多プラス創業者の気概を表したものです。

本多プラスは、クリエイティブな会社です。クリエイティブとは、形のないものに形を与えること、そして新たな価値を生み出すことです。これはブロー成形の得意分野です。ブロー成形によれば、他の製法よりもプラスチックで自在に形をつくることが可能です。しかし、それには高度な職人技すなわち高い技術力と豊かな経験・感性が要求されます。

本多プラスは、独自技術により、社会に新たな価値を提供しています。たとえば、完全クリーンルームで製造し、ミクロン単位で製品の肉厚を管理する医療用部品などの精密製品がその一つです。本多プラスは独自技術で医療の発展にも大きく貢献しています。

また、独自デザインによる化粧品用ボトルや既成の概念を打ち破った斬新なデザインによる文具などを提供しています。これらの成形品は単なる容器、入れ物ではなく、逆に内容物の価値を高める機能を持っています。本多プラスはデザイン力とそれを工業製品化する技術力により、感性あふれる付加価値の高い製品を生み出し、生活の様々なシーンを彩ることに貢献しています。

本多プラスは、社会に究極の「形」を提供するパイオニアとして、今後さらに大きな役割を果たして行こうと考えています。

2．本多プラスの求める人材像

（1）本多プラスはものづくりの会社である。

本多プラスはものづくりの会社です。高度なデザイン力や営業力も、ものづくりの現場が機能しなければ花開くことができません。新たなデザインを生み出す努力も、顧客と営業交渉を行う行為も、現場で油まみれになって生産にたずさわることも、等しく尊い価値を持つ行為と考えます。

（2）「3つの共感」を持てること

本多プラスは、次の3つの共感を持てる人材を求めます。能力や個性よりもまずこの3つの共感を持てるかどうかが重要であり、本多プラスで働いていただく前提となります。

① 経営理念への共感

・本多プラスの掲げる経営理念、社会的使命に共感できること

② 成長と成功への共感

・人間的に成長したいと考え、技術・知識面でも向上しようとしていること
・自身の経済的豊かさの基盤となる会社の成功・繁栄に貢献しようとしていること

③ チームワークへの共感

・協調の精神を持ち、チームワークを大切にできること

（3）個性あふれる人材

3つの共感がベースになりますが、本多プラスが求めるのは、その上で、既成概念に捉われない人、創意工夫のある人、遊び心のある人、いろいろなことに共感の持てる人、統率力のある人、調和を保てる人など。つまり多様な個性を持った人材です。

本多プラスはものづくりの会社ですが、様々な業種に対する営業から高度なデザイン開発まで、幅広い業務が存在します。幅広い活躍の場があります。この場を生かせるかどうかは、働く人の人生にとっても、きわめて大きなテーマです。

人生の相当の時間を占める職場で、経営理念、経営方針に賛同して、自身の成長・レベルアップを図りつつ、仕事を通じて社会に貢献していくことを、是非自身の目標の1つにして

いただきたいと考えます。（以下省略）

おわりに

成長するチャンスは、中小企業にも開かれています。

人事面において、第一に求められるのは、細かいテクニックではなく、採用、評価、育成など長期にわたる人材投資を行っていくことの覚悟です。人間の存在やその心を真っ直ぐ見つめていくマインドだと思います。

そして、人材獲得の扉を開くことが、成長への出発点です。その意味で採用は、企業にとって最大のイベントの1つです。中小企業は採用の面で不利な立場にありますが、現在は中小企業にとって採用の好機であると考えられます。

就活生の大企業志向は非常に強いものがありますが、昨今の就職市場における需給状況からすれば、中小企業がよい人材を獲得できるチャンスは十分にあります。

人気ランキング上位企業へは、毎年膨大な数の学生がエントリーしますが、大部分の学生はこの壁を突破できません。「厳選採用」「ターゲット採用」からまとめてはじかれた人材は、大企業のものさしでは頭一つ抜け出せない人材であっても、中堅・中小企業において大いに力を発揮できる可能性が十分あるのです。むしろ、就活市場で競われるわずかな差など、実務の世界ではほとんど意味をなさないと考えられます。

「就社」ではなく「就職」する、「就職」＝「プロとして仕事をする」という意識に目覚め、よい中小企業の存在に気づいた学生は、有力な候補としてそれを選択肢に入れる可能性があります。

中小企業のアドバンテージとして、まず業種がわかりやすいという特徴があげられます。大企業の場合、様々な業種・業態の企業グループで構成されることが多いのですが、中小企業は、例えば製造業、あるいは建設業、小売業、飲食業、サービス業といったわかりやすい業種でくれる場合が多く、業種のイメージを固めて就職を考える学生には、それがピンポイントで当てはまる可能性があります。

職種の希望についても、中小企業の場合、柔軟な対応が可能です。大企業では、人事は「制度」として運用されており、本人の希望が通らないことが一般的です。それに対して中小企業では、人事は経営者の腹一つです。「わがまま」を聞くことも、1つの決断として十分あり得ます。

一般的には、職種を限定せず、近い将来マネジメント職に就くことを希望する学生が多いわけですが、大企業の場合、マネジメント職に至るまでの距離は相当に長いと言えます。一方で、中小企業の新卒採用は、基本的に経営幹部としての役割を期待して行われるので、経営の根幹に関わるマネジメント職に就くのにそれほど長い年月は要しないと考えられます。

つまり、中小企業は、「就職＝プロとして仕事をする」「早い段階で責任ある仕事をする」という観点からは、わかりやすい選択肢なのです。問題は、就活生にこのような内容をいかにアピールするかでありますが、そのメッセージを相手に届けていくのが、計画的・体系的な採用活動です。こうした面で、本書が少しでも参考になればと思います。

さて、昨今は歴史ブームであると言われています。そうした社会現象の背景には様々な要因がありますが、不確実な世の中にあって、ものごとの本質に対する人びとの関心が高まっていることがその要因の一つであると考えられます。

歴史をひもとけば、行き着くところは人間の営みです。長い時間が経過して、骨格以外のところがそぎ落とされた結果において残るものの1つが、人の思い、感情、人と人との争い、成功と喜び、失敗と悲しみなどの人間模様です。私たちは、歴史という「物語」を通して、様々な人間模様に出会います。数百年の後にも人びとの記憶に残るそうした人間模様は、実は断片的な現象ではなく、ものごとの本質なのです。

人間が世の中に働きかけて、歴史が動いていく。それは、きわめて人間臭い営みを通して行われるものであり、そのようにしてしかものごとは動いていかないとも言えます。

社会の重要な要素の1つである企業も、同じ力学で展開していきます。企業活動は、言うまでもなく人間の営みであり、長期的な成功を得るためには人間に対する理解が欠かせません。しかし私自身、人事に軸足を置くコンサルタントとして企業サポートの現場で感じることは、企業経営者の人間そのものへの関心の持ち方が足りないのではないかということです。

人間の心理・行動特性への理解を深め、「人間模様としての企業経営」ということに思いをめぐらす必要があります。本書で取り上げた事例の企業では、間違いなくそうした意識が形成されており、それが成功要因の1つであると考えられます。

本書は、「採用」がメインテーマですが、「人」の側面から企業経営そのものに光をあてる試みでもありました。その結果については、批判を仰がなければなりません。

本書は様々なご縁とご協力があって、日の目を見ることになりました。

日本経済新聞出版社の網野一憲さんには、企画から編集に至るまで大変お世話になりました。そして、この企画のきっかけをつくってくださったブレインコンサルティングオフィスの北村庄吾さん、飯田久美子さん、取材にご協力いただいた劇団四季の吉田智誉樹さん、久保拓哉さん、都田建設の蓬台浩明さん、物語コーポレーションの小林佳雄さん、神谷聡さん、本多プラスの本多克弘さん、本多孝充さん、竹中公一さん、そしてここに書ききれませんが、多くの方々にご協力をいただきました。まとめてのお礼になりますが、皆様に心から感謝申し上げます。

本多プラスに関しては、私自身社外取締役として経営そのものにコミットさせていただいています。この優れて戦略的な企業のボード・メンバーの一員として、事業に参画できていることは誇りであり、喜びでもあります。

そして、ベースキャンプで支えてくれる妻弘美にあらためて感謝します。

企業が元気にならなければ、日本は元気になりません。そして、企業が元気になるためには、採用から一貫する人材投資活動が欠かせません。本書が、日本の元気を担う企業経営者の皆様、企業で働く皆様、そして就職活動を行う皆様に少しでもお役に立てば幸いです。

２０１１年10月

西川幸孝

西川幸孝（にしかわ・ゆきたか）
株式会社ビジネスリンク　代表取締役。
中小企業診断士、社会保険労務士、
早稲田大学政治経済学部卒業後、商工会議所にて、第三セクターの設立運営などに深く関わる。2000年経営コンサルタントとして独立。2005年株式会社ビジネスリンク設立、代表取締役。
「経営を『人』の観点から見直す」をコンセプトに、実践的な経営コンサルティングを行っている。
人を活かすマネジメントのしくみづくり、経営改善に直結する人事評価制度・賃金制度の構築、トラブルを防ぐ労務管理、M＆Aに際しての人事労務マネジメントなどが主要テーマ。著書に『挑戦する成長企業』（共著、中部経済新聞社）がある。
2009年より中京大学大学院ビジネス・イノベーション研究科客員教授。

小さくても「人」が集まる会社
2011年11月22日　1版1刷

著　者　西　川　幸　孝

発行者　斎　田　久　夫
発行所　日本経済新聞出版社
http://www.nikkeibook.com/
東京都千代田区大手町1-3-7　〒100-8066
電話（03）3270-0251㈹
印刷・製本　錦明印刷

Printed in Japan　ISBN978-4-532-31747-8